# 最長片道切符鉄道旅
## 一筆書きでニッポン縦断

アンドロイドのお姉さん
SAORI

イカロス出版

# 旅のひとコマ

◂◂◂ START

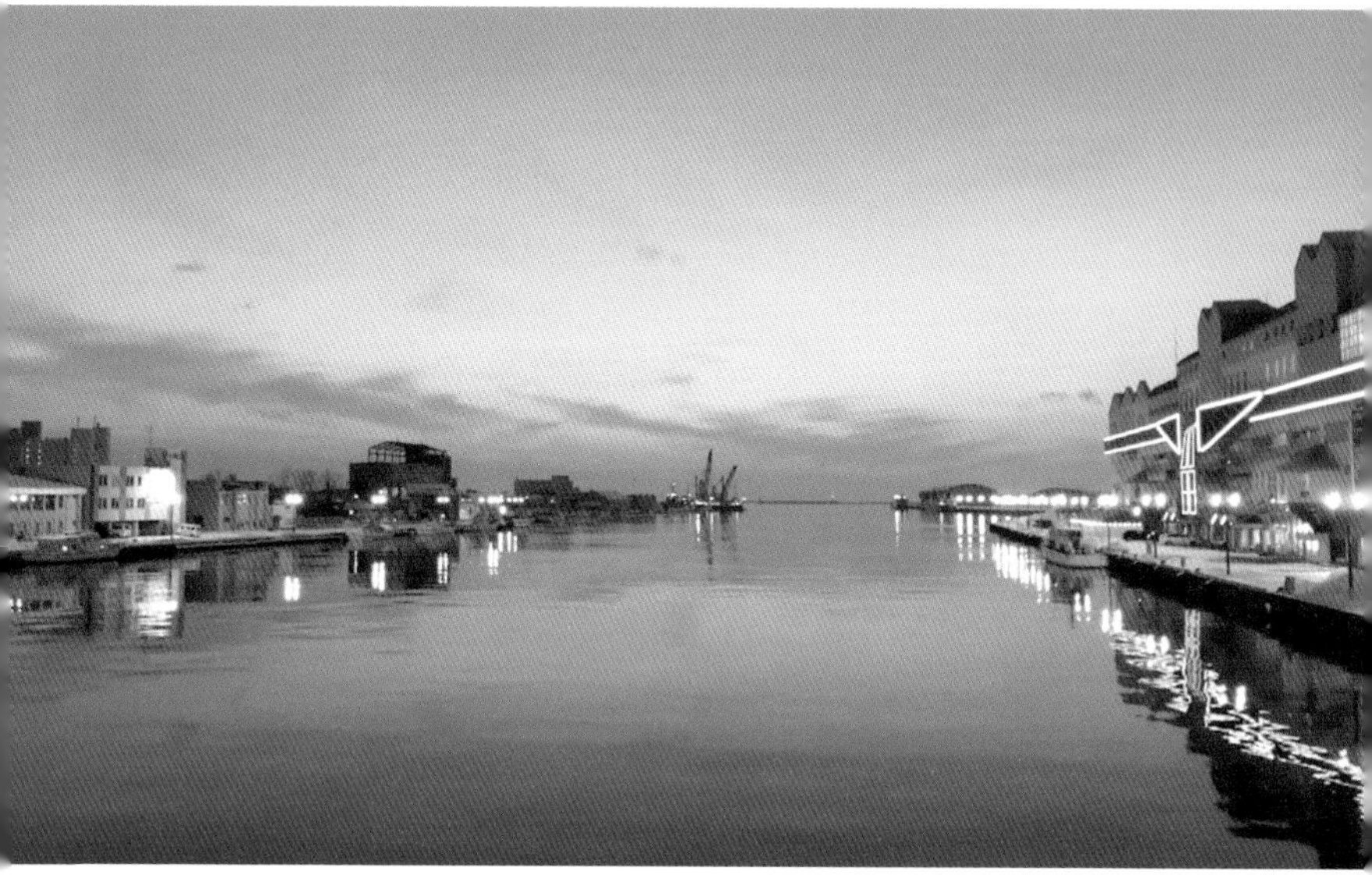

普通
JR
H12

GOAL ◂◂◂

最長片道切符鉄道旅　一筆書きでニッポン縦断

# CONTENTS

CONTENTS

※本書記載の内容は2023年の取材時点のものです。
現在とは異なる情報等がありますこと、ご留意ください。

稚内
北海道
青森
秋田
岩手
山形
宮城
新潟
福島
群馬
栃木
茨城
埼玉
千葉
東京
神奈川
N
0
200km

# 最長片道切符旅

## ▸▸▸ ルートMAP

# はじめに

始まりは「そろそろ日本一周するか」という思いつきだった。

私は旅行系ＹｏｕＴｕｂｅｒとして月の半分ほどを旅をしながらどこかで過ごすという生活を送っていた。

東北、関東、四国、九州など地方ごとに日本各地をまわってきたのだが、考えてみるとガッツリ日本一周というのはしたことがなかった。

旅行系ＹｏｕＴｕｂｅｒを名乗るのならば日本一周ぐらいはしておくべきだと常々思っていたのだが、疲れるしお金もかかるし、とネガティブな理由を並べて行くのをズルズルと遅らせていたのだ。

けれど、コロナ禍もそろそろ明けかけた頃。行くなら今かもな、という思いが強くなってきたのだ。

# はじめに

「そろそろ日本一周をしてみようと思うんだけど、どう思う?」

こんな話をお酒を飲みながら友達にした。


アドバイスを求めていたわけではなく、ほとんど決定事項を話すようなそんなテンションだったのだ。私の旅の話を聞き慣れている友達の事だ「大変そうだけど頑張ってね!」なんてそんな事を言われるのを期待していた。

しかし彼女は予想に反して辛辣だった。「何か目的やゴールがないまま、ただ日本一周しても面白くなくない?」

私は予想外の返答に「えっ!」と動揺してしまったのだが、その至極真っ当なアドバイスに「た、確かに!」と納得してしまった。


日本一周の歴史は長く、遡れば伊《い》能《のう》忠《ただ》敬《たか》の話になってしまう(文献が残っていないだけでもっと古いのかもしれないが……)。

歴史が長ければ長いほど挑戦している人も多くなる。

身分による差別もなくなり自由に旅行ができるようになった現代では、日本一周なんてヤル気さえあれば誰でもできるし、実際結構多くの人がやってのけている。

特に私が身を置くＹｏｕＴｕｂｅという世界では、日本一周はコンテンツとしても飽和気味で、徒歩、鉄道、車、バイクとほとんど全ての移動手段で既に何人も挑戦している。いわばもうやり尽くされたコンテンツなのだ。

５年ほどアンドロイドという奇妙なキャラを続け、独自の立ち位置を手に入れた私でも、いったい何百番煎じだよと匿名掲示板でヤジられるのが目に浮かぶようだった。

私が長い間後回しにして、ようやく挑戦してみようと重い腰を上げた〝日本一周〟は今や特段珍しいものではなかったのだ。

ならば、他の人と同じ日本一周にならぬよう何らかの制約を課すべきだ。

それは期限か使えるお金か……。

いや、多分もっと強烈な縛りが必要で……。

そんな時ふと思い浮かんだのは「最長片道切符」のことだった。

「最長片道切符」とは簡単に言えば一筆書きで最も経路の長くなるＪＲの片道乗車券の事だ。同じ駅を２度通らなければどれだけ遠回りであっても１枚の切符になるという性質を利用し、一番距離が長くなるようあえて遠回りをして進んで行くというもの。鉄道好きの人たちが編み出したクレイジーな切符なのだ。

それこそ初めは机上の空論、計算遊びのようなものだったと思うが、宮脇俊三氏や種村直樹氏など実際に挑戦する人も現れ、今では鉄道好きの間では名の知られた切符となっている。

現在の最長片道切符は北海道の稚内駅から長崎県の新大村駅までを一筆書きで結んでいる（新線開業や廃線などにより最長ルートは都度変わってゆく）。


総移動距離は1万㎞をゆうに超える。日本の鉄道網がいかに複雑で長いのかがわかってもらえるだろう。

ただ、知名度の割にこの旅を実行する人は極めて少ない。

なぜかというとお金と時間がかかるからだ。

切符自体の有効期限は約2カ月間あるのだが、2カ月間の休みを得るのは働いている社会人にとっては難しいことだろう。

観光を捨て、列車に乗り続ける日々を続けたとしても丸々1カ月は休みがないと厳しい。

宮脇俊三氏も会社を辞めたタイミングで最長片道切符の旅に出たと著書で語っている。


そして、最長片道切符の運賃は1枚で約9万円。

この値段が高いか安いかは価値観によって大きく左右されそうだが、1枚の切符代として払うにはかなり勇気がいる値段だ（私は最初高いと思った）。

それに加えてかかるのが日数分の宿代や食事代。特急を使うのであれば特急料金も加算される。

菓子パンで腹を満たし、漫画喫茶で寝泊まりするなど切り詰めればいくらでも安く済ませられそうだが、一般的には難しいだろう。

ただ、鉄道系ＹｏｕＴｕｂｅｒと言われる人たちの中には、最長片道切符のルートを走破した強者が思い浮かぶだけでも数人いる。

毎日の移動に加え、撮影と編集というタスクが加わるので旅の大変さは増すだろうが、旅を仕事として成り立たせることができれば金銭面での負担は少なくなる。

そして時間も余るほどあるのがＹｏｕＴｕｂｅｒという生き物。最長片道切符との相性はかなり良いのだ。

ちなみに私は鉄道系ＹｏｕＴｕｂｅｒと自分で名乗った事は一度もない。旅でよく鉄道を使うので〝鉄道好き〟と括られたりもするのだが、自動車免許を持っていなかったのでどこにいくにも鉄道を使うしかないという消去法的な理由だったのだ（バスや船にもよく乗っているが）。


それに〝鉄道系ＹｏｕＴｕｂｅｒ〟と言い切ってしまうと少しのミスも許されない空気になるので意図的に避けていたのもある。

以前ディーゼルカーを電車と言った時には鉄道好きの視聴者から非難轟々だった。

そんな私が〝あの〟「最長片道切符」をやるのか？

だいぶ鉄道マニア寄り、ニッチな旅になってしまうが良いか？

知らないことも都度調べなければならないだろうに本当に大丈夫か？


これは自問自答だった。

ただ、他に面白いアイディアはなかったし、旅を仕事とする私には〝最長片道切符の旅〟に必ず付き纏う〝時間〟や〝お金〟に対する不安もなかった。

あと、決まった路線の上を走る鉄道旅には一抹の安心感があったのだ。


後日、私は最長片道切符を購入すべく大阪駅の「みどりの窓口」に並んでいた。

大阪駅のみどりの窓口はいつも大行列。

ただ、並んでいる人達の中で稚内から新大村までの切符を買う人はいないのだろうと思うと変な優越感があり「にやにや」と待ち時間も苦ではなかった。

列が進み自分の番が回ってきた。

けれど私は、駅員さんに「最長片道切符」を下さいとは言わなかった。

なぜなら私が今まで当たり前のように語ってきたその名は、鉄道好きが勝手につけた愛称でしかないのだから。


最長片道切符をゲットするためにはまず、スタート地点である北海道の稚内駅からゴールの長崎県の新大村駅まで、この路線を通ってここで乗り換えてという細かいルートを指定しなければならない。

私はあらかじめ作成していたルートを書いた紙を駅員さんに手渡した。

駅員さんはその紙を一通り確認した後に「少しお待ちください」と奥に引っ込んでしまった。

人がいなくなった窓口で立ち尽くす。

はじめに

こんなのは初めての経験だ。

5分、いや10分近く待っただろうか、駅員さんが窓口に戻ってきたのだが、結局その日に切符を受け取る事はできなかった。

というのもあまりに複雑すぎる切符ゆえ、発券する前にそのルートが本当に実現可能なのか、JR側としても確認作業を行う必要があるのだそう。

即時発行はできないというのは知っていたのでそこに驚きはなかったのだが、ただ、難しそうな顔をしながら「発券まで10日ほどはかかるかもしれません」と言われた。

最長片道切符ができるまで、何をしていても頭の片隅にその存在があった。果たしてちゃんと発券できるのだろうか、旅のスタートに間に合うのだろうか、そんなことばかりを考えてソワソワした数日間を過ごした。

結局5日ほどで「切符ができました」と電話がきて、再び大阪駅のみどりの窓口へ。手渡されたのは手書きで書かれた緑色の紙と、ホッチキスで留められたA4の紙（行程が1枚では収まらないので別紙が添えられていた）。

この2枚の紙が9万円の切符と思うと少し心許ない感じがした。無くしたら旅ができないので大切にしよう。

それから駅員さんが路線図と切符のルートを照らし合わせながら説明をしてくれた。

北海道・稚内から長崎・新大村までを路線図で辿ってゆく作業だ。

すべて辿るだけでも15分近く時間がかかったのだが、その間駅員さんは少し楽しそうだった。

特に東京近郊の複雑な乗り換えに差し掛かると「あぁこっちじゃないか、こっちかー。くー。」と唸ったりしていて……。

あぁこの駅員さんは本当に鉄道が好きなんだなと思った。

説明がすべて終わった頃には駅員さんの顔にはうっすら達成感が滲んでいて、その顔に思わず「私の代わりに行ってきますか」と聞きたくなってしまうほどだった。


そんなこんなでついに手に入れてしまった最長片道切符。

ただよく考えれば最長片道切符のルートには四国は含まれていない。

1982（昭和57）年に仁堀《にほり》連絡船が廃止になって以来、瀬戸大橋線しかなくなった四国はルートから外れてしまっているのだ。

そして沖縄ももちろんルート外だ。

## はじめに

今更ながらこれを日本一周と言っていいのだろうか……。

日本一周という最初に掲げた目標からは少し逸れてしまった気もするが、自分史上いちばん長い旅がこれから始まるのは間違いなかった。

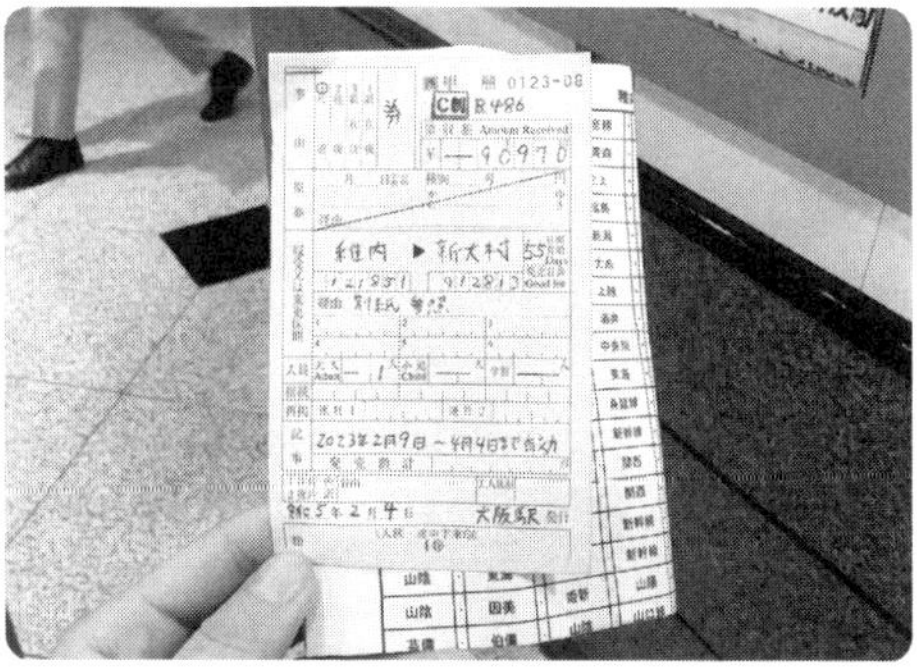

大阪駅で購入した最長片道切符。総距離１万1000㎞、長い旅の始まりだ

0日目　2023・2／5〜8

# 始まりの地へ、40時間の船旅

2月9日から始まる最長片道切符の旅。

当たり前だが、最長片道切符の旅を始める前にスタート地点の北海道・稚内に着いておく必要がある。


私は大阪に住んでいるので北海道へは飛行機で行くのが一般的だろう。

ただ、何を血迷ったか私は名古屋から北海道までフェリーで行くことにした。

所要時間は約40時間、船の上で2泊3日を過ごす、現在の国内最長航路だ。

これから2カ月間、過酷な鉄道漬けの旅になるというのにその前にも過酷な海の旅を選んでしまった。

AかBか道があるならより過酷な道を選んでしまう。

自分でも呆れてしまうほど生粋のYouTuberな私は、旅に〝撮れ高〟という試練を求めてしまうのだ。


ただ、40時間の船旅は想像よりも快適だった。

0日目　2023.2/5～8

## 始まりの地へ、40時間の船旅

個室を取ったので部屋でゴロゴロしてお腹が空いたらレストランに行って、小腹が空いたら売店にお菓子を買いに行く。

電波はほとんど入らなかったのだが、逆に仕事をしなくてもいい理由ができたような気がして、買ったまま読めずにいた文庫本や、ダウンロードしてきたアニメを見て1日目、2日目と快適に過ごした。

2月5日に名古屋港を出航したフェリーは、2月7日に北海道の苫小牧港に着岸した。

冬の北海道はどこもかしこも真っ白だ。歩くたび埋まる足に、スノーブーツを履いてきて正解だなと思った。

港からバスに乗って札幌へと向かう。

2月7日の札幌はちょうど「さっぽろ雪まつり」の時期だった。

まぁ、祭りを狙ってきたので当然なのだが。

札幌の冬の一大イベントであるさっぽろ雪まつりはここ数年、コロナ禍の影響で中止になっており、実に3年ぶりの本格開催となった。

札幌の中心部・大通公園の1丁目から11丁目にわたって、日常の景色が雪と氷の世界へと姿を変える。

国際雪像コンクールの中止や飲食店の出店が見送られるなど、コロナ禍前と比べて規模縮小感はあったものの、プロジェクションマッピングや大迫力の大雪像などさっぽろ雪まつりの雰囲気は楽しめた。

個人的にご当地アイドルが、雪の降るステージで生足を振り回しながら笑顔でダンスを踊っていたのにものすごいプロ魂を感じた。私はアンドロイドを自称しながらも厚着でいるというのに。


夜は北海道名物のジンギスカンを食べに行った。

札幌のジンギスカンの超有名店「だるま」は行列が長すぎて入れず、老舗の個人経営のお店に行く事に。


そこでも結局20分ほど待ったのだが。

お世辞にも綺麗とは言えないそのお店には独自のルールがあって、入店と同時に問答無用で「1人？　じゃあお肉200ｇでいいね！」と決められる。

かなり圧が強い感じ。


私はそれに従順に従うのみだったが、納得いかなかった隣席のカップルは店員さんとお肉の量のことで口論になっていた。

最初はその様子を苦笑いしながら聞いていたのだが、どんどんヒートアップしていく言い合いに、となりで一人ぼっちの私はどんな表情をするのが正解なのかが分からず、俯いて食べるしかなかった。ジンギスカンは新鮮で確かに美味《おい》しかったのだが、一刻も早くお店を出たいと思いながら食べた。

ホテルまでの帰り道、北海道の最初の夜がこんな感じでいいのかと心が折れそうになったが、まだスタートすらしていない長旅へ向け心を強く持たなければならないと寒空の下誓ったのだ。

次の日、最長片道切符の利用開始日は明日なので今日のうちに稚内へ着いておく必要がある。

この日は朝から札幌市内の美容院を予約していた。

これから始まる長旅に向け髪を染めようというのだ。

これはある種願掛けのようなもの。

美容院ではカットとブリーチとカラーとトリートメントをし、私の髪は4時間くらいかけて金髪になった。

金髪にすると強くなった気がしてくるから不思議なもの

生肉ラム肩ロース。お肉は柔らかく臭みがないのでペロリとたいらげた

だ。

肩で風を切りながら颯爽と駅へと向かった。

18時30分、札幌発の特急「ライラック」に乗り込む。

それで旭川へ行き特急「サロベツ」に乗り換え今日の目的地・稚内へと向かうのだ。

朝ご飯は昨日の夜買っておいたサンドイッチと道民のソウルドリンク「ソフトカツゲン」でサクッと済ませる

時間にして5時間以上、乗車券と特急券で1万円を超える。

この時点で北海道の大きさを感じたし旅にかかる費用の大きさも感じた。

ただ、明日からの2カ月間は乗車券代はかからない（9万円を前払いしているからね）。そう考えると9万円の切符はかなりお得なんじゃないかと最長片道切符の旅を始める前に価値観が変わってゆくのを感じた。

さて、明日は長い旅の始まりだ。

## 1日目　2023・2／9
# ついに始まった、最長片道切符の旅

最長片道切符の利用開始日である2月9日。

現在地は北海道・稚内。

さっそく最長片道切符の旅をスタートするかと思いきや、その前に少し寄り道したい場所があった。

これは私の旅のこだわりのようなものだが、せっかく稚内に来たのなら日本本土最北端の地に寄っておきたいと思っていたのだ。

以前、稚内に来たときにはほとんど滞在時間がなく、北海道2番目の北端にあるノシャップ（野寒布）岬にしか行けなかったのだが、この最長の旅の始まりには最北端の宗谷岬に行くべきだと思った。

駅から宗谷岬へは35㎞ほど距離があり、稚内駅前バスターミナルから9時39分発のバスに乗り込んだ。

バスに揺られること約50分、最北端の宗谷岬に到着した。

私は日本本土最北端の地を踏みしめて身震いをした。武者震いではない、ただただ寒すぎるゆえ生理現象の震えだ。震えが止まらない。

稚内の駅前でもかなり寒かったのだが、宗谷岬に吹き付ける極寒の海風と身を刺すような寒さはとりわけ強烈だった。

天気がいい日には海の向こうにサハリン（樺太）が見えるそうだが、吹雪で視界が霞み何も見えない。

宗谷岬の突端に立つモニュメントの横で「ここから旅を始めます」という宣言の動画を撮ってすぐさま室内へ。日本最北端のバス待合室で大人しく帰りのバスを待つことに。温度計はマイナス10・8℃を指していた。

宗谷岬からバスで1時間かけて戻って来たかと思えば、すぐに列車に乗車する時刻。

稚内駅のホームには最北端の路線という看板が立てられていて、それより北に線路は続いていない。ある人にとっては終着駅で、今日ここに立つ私にとってはまさに始まりの駅なのだ。

始まりの駅で初めて使う最長片道切符。

稚内港北防波堤ドーム。かつてここを走っていた鉄道へ波の飛沫がかかるのを防ぐ目的で建設されたのだそう

1日目　2023.2/9

## ついに始まった、最長片道切符の旅

稚内駅の駅員さんに「この切符を使いたいんですが……」とおどおどしながら見せると「もう慣れてますから」とでも言うように切符を受け取り日付スタンプを押してくれた。

その流れるような動作はきっと最長片道切符のスタート地点として旅人をあまりに多く見送って来たからなのだろう。


旅の最初に乗り込む列車は特急「サロベツ」。

稚内駅発の列車は1日7本しかないが、そのうち3本が特急列車となっている。

そして最長片道切符に別途特急券を購入すれば特急や新幹線にも乗車可能になる。

でっかい北海道を鈍行でちんたら行っていたら時間がいくらあっても足りないので、この先も優等列車に積極的に乗っていくつもりだ。


13時01分、特急「サロベツ」が稚内駅を出発。

車窓に眩しい雪景色が広がる。

私の長い旅がついに始まったのだ。

稚内駅から終点の旭川駅までは3時間48分かかる。


昨日も通った宗谷本線だが、旅を始めた今は心持ちが違う気がする。

その証拠に初っ端からグリーン席に座っている。特急グリーン料金は6610円。

旅の始めにこんなにお金を使う奴はなかなかいないのかもしれない。

まぁ幸先のいいスタートにするためにはお金は惜しまない主義なのだ。

途中、利尻富士が綺麗に見えるポイントに差し掛かったが、列車に舞い上げられた雪で何も見えなかった。

列車は日本最北の無人駅・抜海《ばっかい》を通過する。

この駅は1日の利用者数が2・6人とかなり少なく、たびたび駅の廃止が取り沙汰されている。

抜海駅を一例にあげても利用者数が少ない宗谷本線は単独では維持することが困難な路線としてJR北海道から名指しされており、2021（令和3）年3月のダイヤ改正では53駅あったうちのおよそ2割の12駅が廃止された。

列車はかなり徐行気味に走っていく。

アナウンスで鹿が線路上に飛び出してくることがあると言っていて、鹿と接触してしまうと運転再開にかなりの時間がかかるので当たらないように慎重に運転してるのだそう。

のんびりと進む列車の中で稚内駅の売店で買った駅弁を広げる。

北海道といえばやはり海鮮だろう。

「なまらうまいっしょ海鮮弁当」という駅弁にはカニ、イクラ、小柱など色鮮やかな海鮮たちが綺麗に収まっている。

「まるで海鮮の宝石箱やー」と言いたかったが、周りはビジネス客ばかりなので頭の中で彦摩呂さんを思い浮かべながら食べた。

雪景色を見ながら暖かい車内で食べる駅弁。

この時点で冬の北海道もいいもんだと思った。

出発してから約2時間で音威子府《おといねっぷ》に到着。

北海道の地名や駅名は面白い読み方が多い。音威子府とはアイヌ語で「濁りたる泥川」というのが由来らしい。

泥川というだけでも濁っていると容易に想像できるのに、念押しで〝濁りたる〟が付くということは相当濁っている泥川なんだろうなと……。


車窓が雪景色からだいぶシティに変わってきた。

名寄《なよろ》の街までやってきたのだ。

列車は停車駅である名寄を出発。名寄は宗谷本線の中でもひとつの区切りとなる重要な駅で、名寄より北を名寄以北、名寄より南を名寄以南と呼び、北と南で列車の本数もかなり違っている。

そして空が色づいてきた頃、終点旭川に到着。

稚内で購入した駅弁「なまらうまいっしょ海鮮弁当」。
だし醤油が別添えでなまらうまかった

北海道第二の都市である旭川。

今まで見てきた駅舎と比べると規模が明らかに違う。ここはさすがに都会だ。

最長片道切符だと1駅手前の新旭川までの乗車券しかないので旭川駅で下車するにははみ出た分の片道運賃250円を別途精算する必要がある。

ただ、乗り換え駅で（この場合は旭川）改札を出ずにそのままルートを進める場合には追加運賃がかからないという「特例」もある。

旭川へは去年の夏も訪れて旭山動物園や「大黒屋」のジンギスカンなど、十二分に満喫したので特に行きたいところはなかったのだが、せっかくなら旭川ラーメンでも食べようと途中下車することに。

旭川の駅からほど近いラーメン屋「山頭火《さんとうか》」へやってきた。

山頭火はカップラーメンとのタイアップもしているかなりの有名店だが、北海道・旭川発祥なのだそう。それは知らなかった。

旭川ラーメンは醤油ラーメンとメディアで紹介されることが多いのだが、山頭火の看板メニューは〝塩ラーメン〟とのことなので、塩ラーメンをチョイス。

豚骨ベースのマイルドなスープにちぢれ麺が絡んでいて美味しかった。

寒さの厳しい旭川のラーメンのスープには香味油が使われていて、油で覆うことでスープが冷めにくく最後まで熱々で食べられるのだそう。

1日目　2023.2/9

## ついに始まった、最長片道切符の旅

まさかの無人駅・新旭川で１時間待ち。ストーブがあるしまだマシかと思いきや朝しかやっていなかった

ラーメンひとつ取っても地域の工夫が感じられて面白いものだ。

腹ごしらえしたところで今日はもう少し最長片道切符のルートを先に進めることに。行き当たりばったりの旅なので、今夜泊まる宿すらまだ決めていなかった。

この後出る石北本線の特急に乗って途中駅の北見らへんまで行ければ明日の移動が楽になると思い、18時33分発の普通列車で石北本線の起点・新旭川まで向かった。

レトロな駅舎の新旭川は無人駅だった。

ここで本日最終の特急「オホーツク」を待つ。

ただ、待っている人が私以外誰もいないという違和感に早く気づくべきだった。石北本線には新旭川駅が起終点の列車はなく、全て旭川駅方面へ直通する。

という事は、乗りたかった特急「オホーツク」には旭川から乗れたのだ。

いや、乗らなければならなかったが正しい。

なぜなら新旭川には特急は停まらない。

石北本線の起点が新旭川だと予習してきたばっかりに、一度新旭川へ行かなければならないと勝手に思い込んでしまっていたのだ。「あぁ、やってしまった」。

次にくる普通列車に乗ることも考えたのだが、時間の関係で北見まではいけず、途中の比較的大きい街、上川《かみかわ》にも空いているホテルがなかったので、結局旭川まで折り返すことに。

駅の待合室にストーブがあるので寒さは凌げると思いきや朝の人がいる時間くらいしか点火しないらしく、冷え切ったプラスチックの椅子に座り凍えながら旭川に戻るための列車を1時間ほど待った。

普通列車に乗り戻ってきた本日2度目の旭川。

結局時間とお金を無駄にしてしまっただけだった。

明日に備え駅前のホテルで1泊することに。

初日から鉄道の知識不足でこれからの旅に不安を覚えてしまったのだが、それでももう進むしかない。旅はすでに始まってしまったのだから。

本日2度目の旭川。本日2回目の「旭川冬まつり」。祭りのせいでホテルの価格が高騰していた

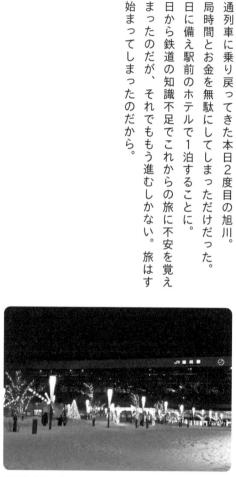

2日目　2023・2／10

# 観光列車に乗って、流氷を見る

　昨日は稚内から旭川までの移動しかできず、列車にも4時間ほどしか乗らなかった。初日からこのペースだと後が恐ろしいので今日こそ最長片道切符のルートを進めていきたい。

　みどりの窓口にて8時35分発特急「オホーツク」の特急券を買うべく20分前くらいに駅に着いた。


ただ、朝方のみどりの窓口は混み合っていて順番がなかなか回ってこない。この特急「オホーツク」を逃すと次は12時台の特急に乗るしかなくなる。列車の出発時刻が近づくにつれあからさまに狼狽する私を気にかけてくれたのか、補助の駅員さんが行き先を聞いてくれて、券売機で特急券を買えると教えてくれた。

そう、私は特急券だけを券売機で買えるという事を知らなかったのだ。

なぜなら特急券だけ買うというシチュエーションが今までなかったから。

そんなことさえ知らずに最長片道切符の旅を始めてしまった。

ただ、今回学んだのでもう窓口で切符を買うためにアラームを20分早く設定しなくて良くなった。この旅は一つひとつ学んでいく旅になりそうだ。

特急「オホーツク」は札幌から道東の網走までを5時間を超えて走り抜ける長距離特急。車両はキハ183系とかなり古い車両で、車内には調理室付き売店があった名残がある。かつては車内で炊きたてご飯のお弁当が食べられたのだそう。

以前乗ったインドネシアの寝台列車のようだと思った。洗面スペースにもバブルの名残のような装飾が施されていて車内はレトロで味わい深い。

そんなキハ183系だが、2023（令和5）年の3月17日の運転をもって定期運行が終了してしまう。40年以上の歴史に幕を下ろすのだ。

この旅でも今後乗れなくなってしまう列車との出合いも少なくないだろう。

きちんと綺麗な映像で残したい。残さなければと思った。

列車は8時35分の出発時刻になってもなかなか出発しなかった。

特急「オホーツク」は約15分遅れで旭川に入線。ホームに着いたのがギリギリになったのでむしろ助かった

運転台に凍結の影響による不具合が発生したのだそう。

冬の北海道ではオンタイムの方が珍しいのかもしれない。

結局旭川で5分ほど停車した後、列車は網走へ向けて走り出した。

車内で朝ご飯代わりに旭川名物の「ジュンドッグ」を食べる。

ジュンドックとは、エビフライをご飯で巻いた食べ物だ。

ソーセージをご飯で巻いたバージョンもある。

ほとんどおにぎりと同じで、味も想像通りなのだが、私は結構好きで旭川に来たらつい食べてしまう。

列車は上川に到着。昨日、少しでもルートを進めようとこの駅まで来ようと思ったのだが、駅近くにあるビジネスホテル、民宿共に空きがなく断念した場所だ。層雲峡《そううんきょう》温泉の鉄道での最寄り駅でもあるのだそう。

上川から次の白滝までの駅間は37・3㎞もある。

これは特急だから途中駅には停まらないというわけではなく、もともと間にあった駅がすべて廃止になった結果なのだそう。

現在では上川から白滝の間が日本で最も長い在来線の駅間になっている。

都会なら健康のために隣駅まで歩こうと気軽に考えるが、北の大地で隣駅まで歩くという事はほとんど自殺行為なのだ。

列車は30分ほど遅れて旭川から網走までのちょうど中間、遠軽《えんがる》に到着。この駅で進行方向が変わるので列車はスイッチバックを行う。

私がモタモタしていたので前のカップルと向き合う数秒の気まずい時間が流れた。

列車はしばらく進むと常紋《じょうもん》トンネルに入ってゆく。常紋トンネルは1912（明治45）年3月に工事が始まり、1914（大正3）年に竣工した全長507mの鉄道トンネル。


ここは〝タコ部屋労働〟の人たちによって造られたトンネルとしても有名で、北海道の開拓において囚人が使われたことは以前訪れた網走監獄でも語られていたところなのだが、過酷な囚人労働が世間から非難を浴びるようになり囚人を労働力として使えなくなった後にも道外の若者や身寄りのない人達を楽で儲かる仕事があるからと言葉巧みに集め、タコ部屋と呼ばれる宿舎に入れて肉体労働に従事させていたという暗い歴史がある。

彼らはろくな食事も与えてもらえず1日14時間以上も過酷で劣悪な環境の中強制的に労働させられていたとされている。


タコ部屋労働についての公的な資料はほとんど残されていないものの、過酷な労働と暴力により命を失った労働者がこの地には数多くいたとされており、1970（昭和45）年にはトンネルの壁から実際に人骨が見つかっている。常紋トンネルの近くには「工事殉難者追悼碑」が建てられていてそこには「ふたたび、人間の尊厳がふみにじられることのないよう」と刻まれ

「流氷物語号」の車窓から見える接岸しているものは流氷ではなかった

ているのだそう。

　そんなトンネルを通る時、窓ガラスに反射する自分の顔がこわばって見えた。

　旭川を出発し4時間30分、約40分遅れで列車は網走に到着。

　お昼に網走名物「かにめし」を買おうと思っていたのだが、次に乗る列車が接続を待っていてくれていたのですぐに乗り込んだ。

　次の列車は冬限定の観光列車「流氷物語号」。

　本格推理アドベンチャーゲーム『北海道連鎖殺人 オホーツクに消ゆ』とコラボレーションしたラッピングカーになっている。

　この観光列車は釧網本線の網走～知床斜里《しれとこしゃり》間を走る。乗車券さえ持っていれば乗車可能だが、流氷の時期はとにかく乗客が多く、人をかき分け必死で席をゲットした。

　列車はオホーツク海のすぐ近くを通る。接岸していれば車窓から流氷を眺めることができるのだそう。

　私は流氷の目利きにまったく自信はなかったのだが、ガイドさんが車窓を解説してくれるので「なるほどな」と思いながら海を見ていた。

遠い外国の海から流れてきた氷。旅人の心をくすぐる。

ちなみに私が「流氷だ！」と思い狭い車内で必死にカメラを向けていたものは、地元の海水がただ凍っているだけだとも教えてくれた。

通常だと途中の海が見える駅・北浜で10分間停車し、駅舎の隣に建つ展望台から流氷ウォッチングをするようだが、列車が遅れていたのでそういうレクリエーションは全カット。

あっという間に終点の知床斜里に到着した。

知床斜里は世界遺産「知床」の玄関口となる鉄道駅。

知床は北海道の右斜め上の、尖ってる部分で、アイヌ語では「シビエトク」つまり地の果てという意味があるのだそう。ここから先へはバスで行くことになるが、せっかくなので知床ウトロの方に寄り道してみることにした（先を急がなければと今朝思ったところだが……）。

バスに乗り込んでから50分ほどで「ウトロ温泉バスターミナル」に到着。

到着した頃にはすっかり夕日が射す時間になっていた。

美しい夕日をずっと見ていたかったのだが、街灯も多くなさそうな最果ての街、完全に暗くなる前に宿へ向かうことに。

ただ、ここで問題発生。予約していた宿へのアクセスをネットで調べていると、その宿に関する良くない噂を目にしてしまったのだ。

その噂というのは、まだ記憶に新しい２０２２（令和４）年の４月に知床沖で小型観光船が沈没し、20人が死亡、未だ6人が行方不明になっているという悲惨な事故に関することだった。観光船の事故には直接関係しているわけではなさそうだが、泊まる予定だった宿の運営と観光船の会社に繋がりがあるらしい。

安さ重視で特に調べず予約した宿だったが、その噂を知ってしまったら滞在中にもきっと悲惨な事故を思い出してしまう。せっかく冬の知床にやってきて悲しいやるせない気持ちになるのは嫌だと思いキャンセル料金を払って宿をキャンセルすることに。

急遽キャンセルしたために極寒の中〝宿無し子〟になってしまった。

流氷のベストシーズン、ネットで周辺施設の空きを探してみたがお手軽な宿やドミトリーはどれも満室だった。知床に漫画喫茶などもない。

そんな状況で奇跡的に1室だけ空きがあった大型リゾートホテル「北こぶし知床 ホテル&リゾート」に飛び込みで泊まることに。1泊1人2万円。

旅の超序盤にて予期せぬ散財が続く。

知床斜里ではコンビニ「セイコーマート」で買ったランチ。しかし下手なレストランで食べるより断然美味しい

ただ、朝晩のご飯は北海道の新鮮な食材がたんまり楽しめるバイキング。お風呂も露天風呂から海が見えるなど、かなりいいホテルで思いがけず最高な時間を過ごせた。

最長片道切符の旅は長いし大変だろうけれども、貧乏旅行でなければならないなんて縛りはない。たまにはこんなのもいいかと自分に言い聞かせた（とはいえ2日目）。

翌朝、高台の方へ向かい夕陽台という見晴らしの良いスポットへ。

そこからは遠かったが流氷が見えた。

確証はできないが「多分、あれは流氷」と思いながら海を眺めた。

知床では、観光列車、ホテル、高台、と流氷をたくさん見たがなんだかんだ帰り道バスの車窓から見た流氷が一番綺麗だった気がする。そんな滞在だった。

知床八景の一つである夕陽台展望台から眺めるオホーツク海。ここから見えた氷は流氷……？

3日目　2023・2／11

## 暖かいストーブと、暖かい人々

知床斜里に戻ってきてから最長片道切符の旅の再開。

まず最初に乗る列車は釧網本線の快速「しれとこ摩周号」。

快速とは名ばかりに通過するのが細岡だけでそれ以外は全駅に停まるというほぼ各駅停車のような快速だ。

11時11分に知床斜里を出発。

やはり流氷のベストシーズンということで車内はかなり混み合っていた。

ずっと立ちっぱなし。

走り出してしばらくするとこの快速の名前にもなっている摩周湖の最寄り、弟子屈《てしかが》町を通り過ぎる。

世界でも一級の透明度を誇る湖・摩周湖。冬は流石に凍っているのだろうか？

アイヌ民族から「カムイ・トー（神の湖）」とよばれた湖の凍った姿を想像してみたらぎゅうぎゅうの車内でも少し涼しく感じられた。

快速「しれとこ摩周号」に乗って1時間ほどでやってきたのは終点の釧路……。ではなく途中駅の標茶《しべちゃ》。

標茶は釧網本線における主要駅のひとつで、廃線となった標津《しべつ》線の起点でもあった駅だ。そして現在は釧路からやってきた「ＳＬ冬の湿原号」の折り返し駅となっている。北海道で現在運行している唯一の蒸気機関車が引く「ＳＬ冬の湿原号」はその名の通り冬季限定かつ運行日も限られているのでチケットの競争率が高い。ただ前日にチケットサイトを見ているとキャンセルが出たのか運良く1席だけ空いていたので購入することができた。

「SL冬の湿原号」。後ろ向きに走るSLは面白いが見栄えを気にするなら往路を走る際の撮影がおすすめ

出発の1時間前にもかかわらず標茶駅にはＳＬを見ようと沢山の人だかりが。雪の中を黒い煙を吐き出しながら進むＳＬ。あまりにも絵になるその景色に、鉄道マニアでなくても写真に収めたくなる気持ちが分かった。

ちなみにＳＬは折り返し作業の真っ只中。標茶駅には転車台がないので機関車を後ろ向きに連結しバックの状態で釧路方面へ向かっていくのだ。

乗車開始までまだ少し時間があったので標茶の駅周辺を散歩してみることに。

3日目　2023.2/11

## 暖かいストーブと、暖かい人々

標茶の街は釧路湿原の観光の拠点として利用される事もあるらしく、温泉旅館やスナックが何軒かあった。

大通りに昔ながらの豆腐屋さんを発見。

ふらっと立ち寄ってみると社長さんらしき人が出迎えてくれて、出来立ての豆乳を試飲させてもらえた。

出来立ての豆乳はあったかくて豆の味が濃かった。

お豆腐屋さんでは「ＳＬ冬の湿原号特別企画 湿原セット」という豆乳と厚揚げなどがセットになった商品があり１０００円もしたが車内で食べる用に購入。

そんな事をしているとそろそろＳＬが出発する時刻になり、足早に駅に戻る。

「ＳＬ冬の湿原号」で使用されているのはＣ11形蒸気機関車。

最高時速85㎞で走行が可能なのだが、今回はバック運転をしているため、最高時速45㎞に制限されるらしい。14時、汽笛をあげてＳＬが出発。

列車は標茶～釧路間の48・１㎞を、１時間42分かけてゆっくり走ってゆく。

この日は満席だったので私の座ったボックス席も当然相席だった。

他３人はご家族だったので、家族団欒に全くの他人が座っているような不思議な空間。

出発してからも自由に身動きがとれずぼーっと車窓を眺めていると、早速エゾシカと遭遇。

壮大な自然の中をゆったり走る「ＳＬ冬の湿原号」。

その醍醐味のひとつは野生動物との遭遇なのだ。

すると、隣に座っていたおじいさんが孫に向かって「北海道の鹿の顔が一番可愛いんだ」などと言っていた。

確かに私が知っている奈良の鹿は頭突きをしてくるし怖い。顔もなんだかキツい気がする。北海道の鹿は地域柄のんびりしているということなのだろうか。

列車は茅沼《かやぬま》に到着。

ここは日本で唯一、タンチョウ（丹頂鶴）がやってくる駅として有名な駅だ。

現在は無人駅の茅沼だが、かつて駅員がいた国鉄時代に当時の駅長がタンチョウに餌付けをしていたのだそう。それが代々駅員に引き継がれ、冬の時期は今でもタンチョウがやって来るようになったのだとか。なんだかロマンティック。

そして駅には国の天然記念物のタンチョウがうじゃうじゃいた。

一時は絶滅したと思われていたタンチョウがそれはもううじゃうじゃいたのだ。

タンチョウはちょうどカメラの画角に収まるところに集まってくれて〝撮れ高〟をわかってくれているみたい。繁殖期の前には求愛行動をとることがあるらしく、運が良ければ翼を大きく広げてジャンプするタンチョウの求愛ダンスが見られるのだそうだが、今日のタンチョウ達はシャイだったようだ。

しばし停車した後、列車は出発。ここではタンチョウ達を驚かせないように汽笛はなし。とことんタンチョウと共にある駅なのだ。

3日目　2023.2/11

## 暖かいストーブと、暖かい人々

そして列車はいよいよ釧路湿原に入っていく。

人間の手が加えられていない雄大な自然や動植物を目にする事ができる日本最大の湿原。その大きさは約2万8000ha。東京23区がすっぽり収まってしまうほどの面積を有している。日本で初めてラムサール条約に登録された湿地として、教科書で習った場所である。

そんな釧路湿原の中を雪を舞い上げながら、黒煙を吐きながら進んでいく「SL冬の湿原号」。

乗客として乗るのもいいが、展望台などから俯瞰で見るのもきっと素敵に違いない。

「SL冬の湿原号」の2号車には「カフェカー」、いわゆる売店があり、私はそこでスルメと地ビールを購入した。

そして、3・4号車にはダルマストーブがあり、購入したスルメや乗客が握ってきたおにぎりを自由に焼いていたりする。故に車内は常に美味しそうな匂いが充満しているのだ。

ストーブの上に置かれた網がちょうど空いていたので私も購入したスルメを焼いてみることに。

ただ、顔より大きいサイズのスルメ。

ワタワタしながら炙っていたら近くに座っていたおじさん

運よく茅沼で見ることができたタンチョウたち。見られるかどうかは運任せ

が「これは割いてから焼けばいいよ」と教えてくれた。

「写真だとイカの姿そのままの方が映えるから一旦全体焼いている風にするか」と私の写真映えまで気にしてくれた見知らぬおじさん。

焼いている間も「目を離したらすぐ焦げちゃうよ」とアドバイスをもらったものだから、ストーブの周りにいたお客さんはみんな景色より私のスルメの焼き加減を気にかけてくれて、「それはもういけるよ」とか「あぁ焦げちゃう」なんてわいわい言いながらダルマストーブを囲んだ。

そして焼き上がったスルメは1人では食べきれない量だったので周りの皆様におすそ分け。

コロナ禍によって見知らぬ人と食やお酒を共にする機会なんてなくなってしまっていたので久しぶりにこういう交流をした。

そんなことをしているといつの間にかもう釧路の街。

JR北海道の経営難によりたびたび廃止が検討されている「SL冬の湿原号」だが、昔から変わらぬ自然とダルマストーブを囲む暖かい人達とのふれあいが楽しめる蒸気機関車。

長く続いて欲しいなと思った。

カフェカーで購入したスルメを車内のストーブで焼く。
炙ったスルメはロケーション含め最高の味だった

4〜5日目　2023・2／12〜13

## かつての「日本三大車窓」の峠越え

4日目は道東最大級の都市・釧路にてしばしの休憩（編集作業）。世界三大夕日の一つにも数えられる幣舞《ぬさまい》橋から見る夕日が綺麗だった。

翌5日目から旅の再開。一昨日、「SL冬の湿原号」で釧路に到着したものの街中をちゃんと見ていなかったので改めて散策することに。

今まで来たことがなく、この旅で初めて訪れた釧路。

道東最大級の都市ということで、旭川のような都会感を期待していたのだけれど、駅前には空きテナントが目立ち、ベニヤ板が打ち付けられた入り口の隙間からは荒れ果てた店内が見えている。

そう、駅前がまるで廃墟のようになっていたのだ。

かつて炭鉱と水産業で栄えたこの街は、人口の減少が続くさなか中央市街地の空洞化が深刻となっている。

目抜き通りを進んで行くと至る所に「テナント募集」の張り紙。

東京の原宿・竹下通りでもコロナ禍の影響で人が来ず、一時は壊滅的な状況に陥ったとニュースで報道されていたが、この廃れ具合から推測するに釧路はコロナ禍以前からずっとこの状態なのだろう。

しかも元々百貨店だったような巨大な建物が解体されず1棟丸々廃墟となっていたりもする。初めて訪れた釧路の街には寂しさが吹き荒んでいるようだった。

散策をひとしきり終えた後、お腹が空いたのでお昼を食べにいくことに。

今日は釧路で1950年代から続く老舗のレストラン「泉屋」でローカルグルメ「スパカツ」をいただく。

「スパカツ」とは熱々の鉄板の上にミートソースパスタとトンカツをのせたもの。

パスタを巻くスペースもないほど盛り盛りで提供されるトンカツとミートソースパスタ。

食べてみると概ね想像通りの味だったのだが、熱々だから美味しい。鉄板の上で少し焦げて香ばしくなった麺もまた美味しかった。

鉄板に乗せられて提供される理由は夏でも涼しい釧路で最後まで熱々で食べられるようにとのこと。

2月の北海道にいると温かいご飯が食べられるというありがたみを噛みしめる日々だ。

腹ごしらえを終え駅へ向かう。

2日ぶりに訪れた釧路の駅は立派で道東最大級の都市の威厳があった。

「町はさびれても駅は小さくならない」

## かつての「日本三大車窓」の峠越え

釧路の駅舎は立派だったが駅前には売り物件の看板や廃ビルが目立つ

宮脇氏が『最長片道切符の旅』の小樽駅で綴っていたセリフだ。釧路でそれを実感するなんて、本が発刊された50年前には思いもよらなかっただろう。

本日の最初の移動は根室本線で富良野駅まで向かう。

根室本線、北海道らしい雄大な風景が広がる車窓。

しばらく走っていると大きな街に着いた。

ここは帯広。個人的に「豚丼」のイメージが強い街だ。

むしろ豚丼のイメージしかなかったのだが、帯広は道東で釧路とどちらが都会かよく比較される街でもあるのだそう。

最近では人口も帯広市の方が上回ったらしく道東最大の都市の座も数年で移り変わるのかもしれない。

本当は途中下車したかったのだが泣く泣く先を急ぐ（豚丼……）。

列車は新得《しんとく》で全ての乗客を下ろした。

２０１６年に起きた平成28年8月北海道豪雨の被害により現在でも根室本線の新得から東鹿越までの区間が不通になっているのだ。ここからは鉄道ではなく代行バスを使うことになる。

代行バスの区間も最長片道切符を見せれば問題なく乗れる。

バスは出発してから市街地を抜け、どんどん峠へと入ってゆく。

それと同時に私はワクワクしていた。

かつて鉄道路線で「日本三大車窓」とも言われた絶景がこの先の狩勝峠にあるからだ。

〝かつて〟と言ったのは峠を通っていた「旧根室本線」は山間部の険しい路線だったために新トンネルの開通とともに廃線となり、現在では鉄道で狩勝峠の風景を見ることはできなくなってしまった。

そんな今や幻となってしまった狩勝峠からの車窓だが、幸か不幸か代行バスの車窓から見ることができるらしい。

「日本三大車窓とはどれほど美しいのだろうか」と、バスの中で絶景を撮ろうとずっとカメラを構えていたのだが、どうやら日本三大車窓とは逆サイドの座席に座ってしまっていたようで、ただの崖をしばらくカメラで映していた。

気づいた時にはすでに遅く、なんとも悔しい峠越えになってしまった。

バスの終点東鹿越に到着しそこから普通列車に揺られること40分。

ようやく目的地である北海道のへそ（北海道のちょうど中心に位置する町なので〝へそ〟と呼ばれるそう）富良野《ふらの》に到着した。

今日はここのドミトリーに泊まることにする。

これが三大車窓の一つ狩勝峠か……と思いきや違った。
私は一体何を撮っていたのだろうか

## 6日目　2023・2/14
# 「富良野は寒いわけで……」

昨晩到着した北海道のへそ・富良野。

富良野は山に囲まれた盆地にあり、冬の寒さが厳しいことでも知られている。

富良野という地名は「ＲＡＤＷＩＭＰＳ」というバンドの『いいんですか』という曲の歌詞に「富良野は寒いわけで」という一節が出てくるので学生時代から知っていた。

なので実際に来てみて「あの歌詞の通り本当に寒いんだ!!」と感動してしまった。

そんなわけで私が思う富良野のイメージは「ＲＡＤＷＩＭＰＳ」なのだが、私より上の世代の人が思う富良野はドラマ『北の国から』のロケ地という印象が強いようだ。

駅や街の至る所に『北の国から』のポスターが貼ってあった。

私は一度も観たことがないので「ふーん」としか思えなかったのだが。

そんな富良野から今日も最長片道切符の旅を始めていく。ただ、駅に着くなり今から乗る予定だった列車が雪の影響で止まってしまったらしく、朝一から足止めをくらった。

雪が原因で遅延というのは冬の北海道ではよくあることなのだろう。

いつ再開するかわからないので駅前にある「我夢舎楽」という喫茶店で時間を潰すことに。偶然立ち寄ることになったこちらのお店は『北の国から』の主人公・黒板五郎を演じた田中邦衛さんがよく足を運んでいた喫茶店らしく、店主さんが世界に数体しかない「邦衛フィギュア」を見せてくれた。それは『北の国から』ファンにとってたぶんすごいことで。ここで「あまり興味ないです」とは口が裂けても言えなかった。

邦衛フィギュアの関節を曲げて遊んだり、コーヒーを飲んだりしながら1時間ほど待ってみたものの、運転はなかなか再開せず、しかたがないので途中の美瑛《びえい》まではバスで行くことに。鉄道縛りの最長片道切符の旅的にこの選択はいかがなものかと思ったのだが、途中代行バスにも乗ったことだし、トラブルの時は臨機応変でいいのかなと。

この旅は自分ルールで進めていくのだ。

富良野の駅前からバスに乗車すること45分で美瑛に到着。

富良野と美瑛は近いのでセットで観光する人が多いそうだ。

富良野の〝ラベンダー畑〟と美瑛の〝青い池〟はよく一緒にパンフレットにも描かれている。ただ、雪が積もる冬はどうなんだろうか。

せっかくなので美瑛で外せない観光スポット「白金青い池」に行ってみることに。

美瑛駅前からバスに乗り20分ほどで青い池に到着。

青い池に行くためにはバス停から5分ほど歩くのだが、ダウンジャケットを貫通するほどの寒さ。

6日目　2023.2/14

**「富良野は寒いわけで……」**

有名観光地なので道なりにお土産屋さんや公衆トイレなども整備されているのだが、この時期さすがにお土産屋さんは閉まっていた。

店先に飾られた「青池ソフトクリーム」のポップを見て余計寒くなる。

そしてついに白金青い池に到着。

来る前からそうなっているだろうなとはうすうす感じてはいたが、〝青い池〟は凍って雪で埋まってしまっていた。これじゃあただの〝雪の積もった空き地〟だ。

そんな冬には凍ってしまう青い池だが、夜になるとライトアップが行われるのだそう。白い空き地、改め〝白のキャンバス〟に映し出される幻想的な光、それはそれでかなり美しい光景に違いないだろうが、私は夜までは居られない。今日も先を急がねばならないのだ。

美瑛の駅前に戻ってきて本日最初の列車に乗車する。

さすがに運行再開していた富良野線普通列車に乗って旭川へと向かう。

旭川は旅の1日目にも立ち寄ったのだが、あの時は最長片道切符のルート外で追加運賃を支払っての寄り道だったので、最長片道切符的には初めて訪れる駅という事になる

「白金青い池」。この時期は雪が降り積もり“白い池”だった。この池で自分を納得させて観光終了

のだ。

列車に乗って30分ほどで旭川に到着。

新鮮な気持ちで旭川。ただ今回も特に旭川に用はないので、そのまま特急「ライラック」に乗り換え、函館本線で岩見沢まで向かうことに。

すっかり日が暮れてきて乗車してから1時間ほどで岩見沢に到着。

このホルモンめちゃくちゃ美味しかった。ホルモンは“よく焼き”が必須だが焼き加減が難しい

岩見沢駅は北海道最古の鉄道であった官営幌内鉄道の中心駅として開業した歴史ある駅で、分岐していた幌内線が廃線となった現代でも函館本線と室蘭本線の中心駅としてあり続けている。

苫小牧行きの列車の出発時間まであと1時間ほどあったのでここで晩ご飯を食べることに。

私の身長ほど積もった雪の隙間を滑らないように気をつけて歩いて、昔ながらの商店街にあったホルモン屋さん「雷電食堂」に入る。

外が寒すぎて何か温かいものが食べたかったのだ。とりあえずホルモンを注文。1人前４８０円と安すぎる。しかもお皿いっぱいに盛られて出てきた。

ホルモン、色が曖昧なので焼き加減が難しい。店の壁にも

6日目　2023.2/14

## 「富良野は寒いわけで……」

「よく焼いて！」と書かれている。

多分焼けたので食べてみると、これがめちゃめちゃ美味しい。ちょっと甘めのタレでご飯が進む味付け。今日はまだ移動が残っているのでお酒は飲まないが、安くて飲兵衛にはたまらないお店を岩見沢で発見できて嬉しい。

炭水化物も欲しくなり締めのラーメンも注文。こちらはＴＨＥシンプルな醤油ラーメンといった感じ。飾り気は無いがあっさりとしていていくらでも食べられそうだ。

知らない土地で美味しいお店を引き当てるというのは、嬉しいもので自分のセンスを褒めたくなる。

1時間でサクッとホルモンを楽しんだところで室蘭本線に乗って苫小牧に向かう。

最長片道切符のルート的には途中の沼ノ端駅で降りて千歳線に乗り換える必要があるのだが、宿泊先の関係で列車に乗り続け苫小牧まで行くことに。

乗車してから1時間27分。苫小牧に到着した。

7日前に太平洋フェリーで名古屋からやって来た時は苫小牧港に着いてそのまま札幌に向かったので、苫小牧の駅に来るのは初めて。

ただ、もう21時をすぎていたのでお店はどこも閉まっていて、足早にホテルに直行した。

7〜11日目　2023・2／15〜19

# 思いもよらぬアクシデント

とんでもないことが起きてしまった。今すぐに大阪に帰らなければならない。

というのも、税理士に確定申告の書類の提出を忘れていたのだ（完全に自己責任）。

2月9日から始まったこの最長片道切符の旅、私は7日目にして未だ北海道を彷徨《さまよ》っていた。

一方、確定申告の期限は3月15日。途中、大阪を通過した時にやればいいと思ったのだがこのペースだといつ大阪に帰れるのかわからない。

しかも確定申告は一朝一夕にできるほど甘くはない。毎年やっているにも関わらずだ……。

今年は最長片道切符の旅に集中するため税理士に頼んだのに、初めて頼んだものだからどんな書類を提出すれば良いか分からずに、色々足りないままとりあえず旅に出てしまっていた。

長旅に出ているとはいえ「生活」はある。

納税の義務ももちろんある。致し方ない。

苫小牧までやって来たので、このまま新千歳空港へ向かい大阪へ帰ることに。

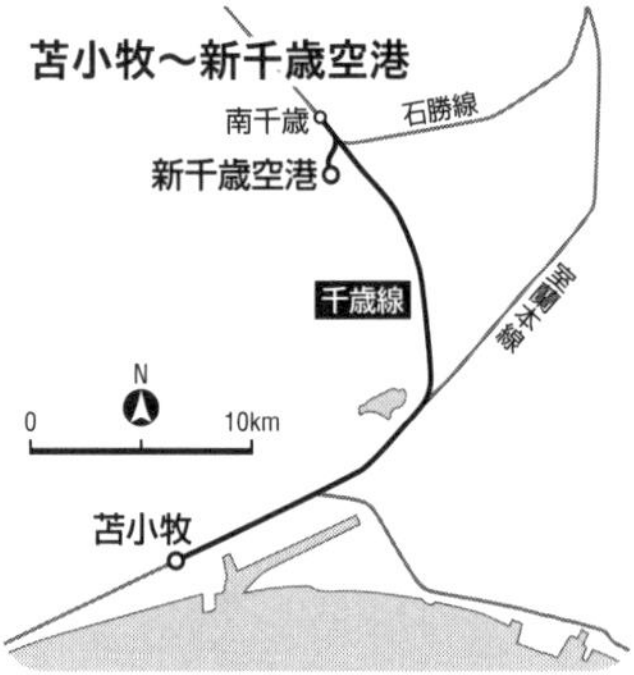

## 思いもよらぬアクシデント

直前に取った飛行機代は高く片道3万円もした。

飛行機は離陸してから2時間25分で関西国際空港の滑走路に降り立った。今までの列車の旅は一体なんだったのかと思うほどに速い。

そこから南海電車に乗って家路につく。JR以外に乗るのは久しぶりだった。

家に着くと、こんなに早く帰ってくるとは思わなかった家族が苦笑いしながら迎えてくれた。

翌日には書類を税理士に送って速やかに北海道へ戻るはずが、疲れが溜まっていたのだろう、予定より多く休息をとってしまった（4日間も!!）。

叶うならこのまま居心地の良い場所から離れたくはなかったのだが、切符には有効期限がある。

重い腰をあげなければ……。

2月20日、関空から再び北の大地へ旅立った。

一時帰宅のために往復で利用した航空会社はLCCの「ピーチ」

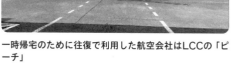

# 〝泊まれる駅〟で孤独を忘れた夜

確定申告のため、旅を中断し大阪に一時帰宅していたのだがようやく旅の再開。

まず新千歳空港から千歳線と函館本線を経由して小樽へ向かう。

乗車したのは13時30分発の快速「エアポート」。車内はキャリーバッグなどの大きい荷物もあり、かなり混雑していた。

こんなことなら８４０円課金して座れる指定席「ｕシート」を取っとけばよかったと後悔。

列車は途中、札幌を通る。最長片道切符では初めて通るにもかかわらず、最近「さっぽろ雪まつり」で見た景色に「ルート重複していないよな」と一瞬冷や汗が出た。

1時間ほど進むと車窓から石狩湾の海が見えてきた。ＴＨＥ冬の海という感じ。ようやく冬の北海道に帰ってきたなという実感が湧いてきた。

列車は小樽の街中へ、北海道の港湾都市として発展し、小樽運河の散策路など有名な観光地として知られる小樽。日本銀行旧小樽支店金融資料館などかつて北のウォール街と呼ばれた歴

新千歳空港～比羅夫

12日目　2023.2/20

## “泊まれる駅”で孤独を忘れた夜

史的な建築物も建ち並ぶレトロな街並みが魅力な街だ。

初めて訪れた小樽の風景に胸躍らされたのだが、宿のチェックイン時間もあるので駅の売店で軽く買い物を済ませ先を急ぐことに。

次は普通列車に乗り換え、倶知安《くっちゃん》まで向かう。

途中にニッカウヰスキーの工場がある街、余市《よいち》を通る。ニッカウヰスキーの創業者・竹鶴正孝は日本で初めてスコットランドでウイスキーの製造技術を学んだ人物で、彼が国内でウイスキーを作るにあたりスコットランドの気候風土に近い土地として選んだのが余市なのだそう。ウイスキーの工場見学もできるそうなので一度訪れてみたいものだ。ウイスキーはあまり得意ではないけれど。

列車は1時間30分ほどで終点の倶知安に到着。

降りる頃には車内の9割ほどが外国人の方だった。

倶知安の町はニセコのスキー場群にほど近く、宿の送迎なども行われているのでスキー客が多い。コロナ禍も落ち着き、日本のパウダースノーを求めて海外の人がどんどんやって来ているのだ。

私は一人旅だし、別にスキー・スノボに興味ないので（できない）、普通列車に乗り換えて宿へ向かう。

今日の目的地は倶知安から1駅となりの比羅夫《ひらふ》駅。

比羅夫は無人駅なので駅員さんもいなければ改札もない。

駅前にも民家が数軒あるだけで商店などもなさそう。もちろんコンビニなんてあるワケがない。

宿に向かうと言いながら私がこの無人駅にやってきた理由は、比羅夫駅の駅舎そのものが宿になっているから。その名も「駅の宿 ひらふ」。今回宿泊のために降り立ったのだ。

そうでなければ冬の北海道の無人駅になどおいそれと降りられない。命に関わる。

駅の待合室から繋がる扉のインターフォンを押すと、この民宿のオーナーさんが「お待ちしておりました」と迎え入れてくれた。

ロビーはウッディな造りになっていて、部屋の中心に置かれた薪ストーブの火はパチパチと爆ぜていた。寒いだろうからと焚いておいてくれたようだ。壁には駅の宿らしくサボ（行先標示板）やヘッドマーク、時刻表なども飾られていて駅なのに今日はここに泊まれるんだと不思議な気分になる。

次に2階の寝泊まりする客室を案内してもらう。

今日私が泊まる客室はもともと倉庫だった部屋らしく、窓からは線路を見下ろすことができる。もう一つある客室はもともと駅員さんの宿直室だった部屋らしい。

普段は見られない場所なのでワクワクした。

聞くと今日は私以外に宿泊客はいないということで、旅先での出会いや交流を楽しみにしてたので少し残念ではあるが気を使わなくていいと考えるとラッキーなのかもしれない。

12日目　2023.2/20

## “泊まれる駅”で孤独を忘れた夜

比羅夫でここまで乗車してきた列車を見送る。冬の北海道での途中下車は勇気がいる

そんなことを思っていたらオーナーさんも宿の近くの自宅に帰られてしまい、無人駅の宿で本当に一人ぼっちになってしまった。

あまりにも静かな時間、日も沈んで来た。

そんな時に「ずんちゃか、ずんちゃか、ずんちゃか、ずんちゃか」。

列車の到着を知らせるアラームが部屋中に鳴り響く（なぜこの音に設定したのだろうか）。

せっかくなのでやって来た小樽方面行きの列車を見に外に出てみる。

玄関から10歩でホームだ。

黄昏時に無人駅のホームで薄着で佇む私。

車内から私を見つけた人は妖怪を見たと思ったことだろう。

やって来た列車を見送るという使命を全うしたので（勝手に）宿に戻ることにする。

ほんの数分外に出ただけなのに身体が芯から冷えてしまった。

薪ストーブのありがたみを感じる。

北海道の冬は極寒だが家の中は暖かいのだ。

さてそろそろ夕食の時間。

駅の宿ひらふの夕食付きプランを予約すると、冬は鍋、夏はホームでBBQができるのだが、今日のような私一人しか宿泊客がいない日には素泊まりプランしか予約が出来ない仕様になっていた。

というわけで小樽での乗り換え時間に買った天むすと地ビールが今日の晩ご飯。

日本でも珍しい“駅に泊まれる宿”の「駅の宿ひらふ」。この日宿泊客は私一人だった

周りに店なんてないのでここでは出来合いのもので腹を満たすしかない。

とはいえ北海道の食べ物はなんでも美味しい。

天むすを地ビールでゴクゴクと流し込んで一人簡素な晩ご飯を終えた。

比羅夫駅の最終列車21時29分の小樽行き、この列車も勝手に見送った。

この最終列車をもって本日の比羅夫駅の営業は終了、私の使命も一旦終わりとなる（勝手に）。

リビングに戻りそろそろ寝る支度をする。

風呂に入っている時も、歯を磨いている時も、布団に入ってぼーっと天井を眺めていた時もだが視界に鮮やかな緑がチラつく。

12日目　2023.2/20

## “泊まれる駅”で孤独を忘れた夜

カメムシだ!!

ここは素敵な宿だが大自然の中にあるのでカメムシがたくさん出た。都会育ちの私にとってカメムシはまさに未知との遭遇。

ベッドに入りながら潰してしてしまわないかと気が気ではなかった。

一人だが、ある意味孤独を忘れた夜だった。

朝の6時30分。爆音アナウンスに起こされ始発列車の到着を知る。

非常に〝駅〟らしい起こされ方だ。強制起床。

朝一の列車に起こされたが早すぎるということで二度寝。結局9時30分に起きた。

外を覗くと除雪作業をやっているおじさん達が見えた。

除雪作業は機械と作業員2人がかりで行われているようで、駅のまわりをぐるっと一周しているようだった。

私は部屋で優雅にコーヒーを飲んでいて、目が合うほどの距離感に少し気まずさを感じてしまう。冬の北海道の路線維持の大変さが垣間見えた。

この駅の宿ひらふがある函館本線の山線の区間は2031年の3月に廃線が予定されている。

廃線になったらこの宿はどうなってしまうのだろうか。

一度泊まったという思い出ができると、まるで自分ごとのように考えてしまう。

世の中、永遠に続くものなどないのだと。

廃線前、また近いうちに、今度は夏に訪れたいものだ。

# 青函トンネルを抜けついに本州上陸！

　宿泊していた比羅夫から12時43分発函館本線の普通列車に乗り、1時間半かけて長万部《おしゃまんべ》に到着した。長万部。特徴的な名前で知ってはいたがやって来るのは初めてだ。

　ここはなんといっても「かにめし」の駅弁が有名。ゲームの『桃太郎電鉄』通称『桃鉄』でもカニめし屋を1億円で買い占めたことがある。

　次の列車まで25分ほど時間があるので途中下車をし、名物のかにめしをゲットしに行くことに。

　駅から3分ほどの場所にかにめし販売所があったのだが、この日がまさかの定休日。

　しかたなく駅ナカの売店でご飯を買うことに。

　ただ、簡素な売店でおにぎりなども無く、適当な惣菜パンを1つだけ買った。

　そんなことをしているとホームに特急「北斗」がやってきた。

　14時37分発の特急「北斗」に乗って新函館北斗まで向かう。新函館北斗からは新幹線で青森

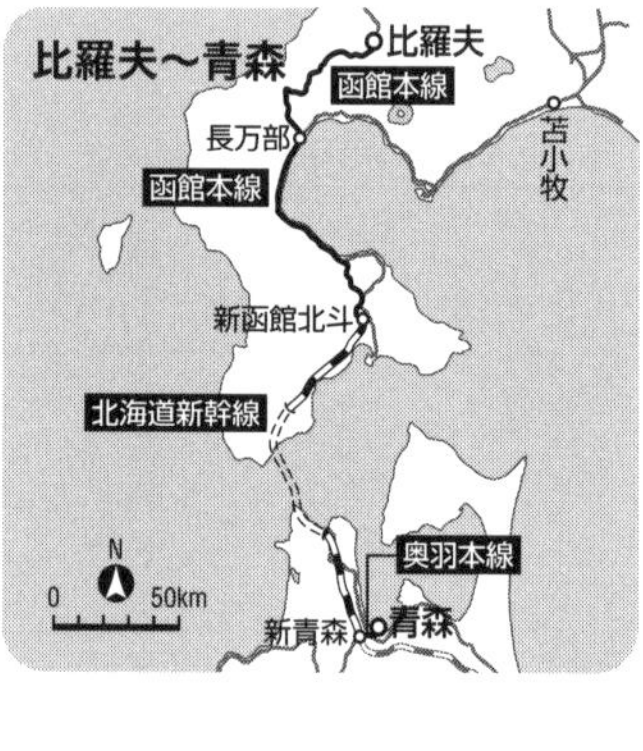

13日目　2023.2/21

## 青函トンネルを抜けついに本州上陸！

へ。

そう、今日でついに北海道から脱出するのだ。

長万部の「かにめし」が心残りだが、それでも充分北海道を満喫したはずだ。

その証拠に雪が舞う車窓からの風景をすでに見飽きてしまっている。

お昼を食べてなかったので車内で腹ごしらえ。

長万部の売店で買ったコーンマヨの惣菜パンを一口齧る。

北海道最後の食事が惣菜パンだなんて、なんて味気ないんだと思いながら食べたのだが、これがめちゃめちゃ美味しかった。

パッケージを見てみると十勝北部に位置する士幌町でとれたコーンを使用しているのだそう。

何の気なしに買った惣菜パンでさえ美味しいなんて北海道の食のレベルの高さに最後の最後まで驚かされた。

長いこと進んできた函館本線だが、終点の函館は今回はスルー。

かつては函館と青森を繋ぐ青函連絡船が鉄道連絡船として運航しており、廃止になるまでは最長片道切符で本州へと渡る海上ルートの接点として組み込まれていた函館駅だが、青函トンネルの完成により北海道と本州が陸路で繋がりその役割を終えることとなったのだ。

列車は発車してから1時間ちょっとで新函館北斗に到着。

ここは現在、日本最北端の新幹線の駅。いよいよ長かった北海道を抜け本州青森へ行くのだ。

と、その前に次の新幹線まではまだ時間があるので途中下車。

北海道の旅行支援のクーポンが余ってたので使い切らなければと駅前のお土産ショップに立ち寄ることに。

何にしようかとショーウィンドウを眺めていると、なんと長万部で泣く泣く諦めた名物の「かにめし」が。

これは運命だと思い迷わず購入。これで完全に北海道に心残りは無くなった。

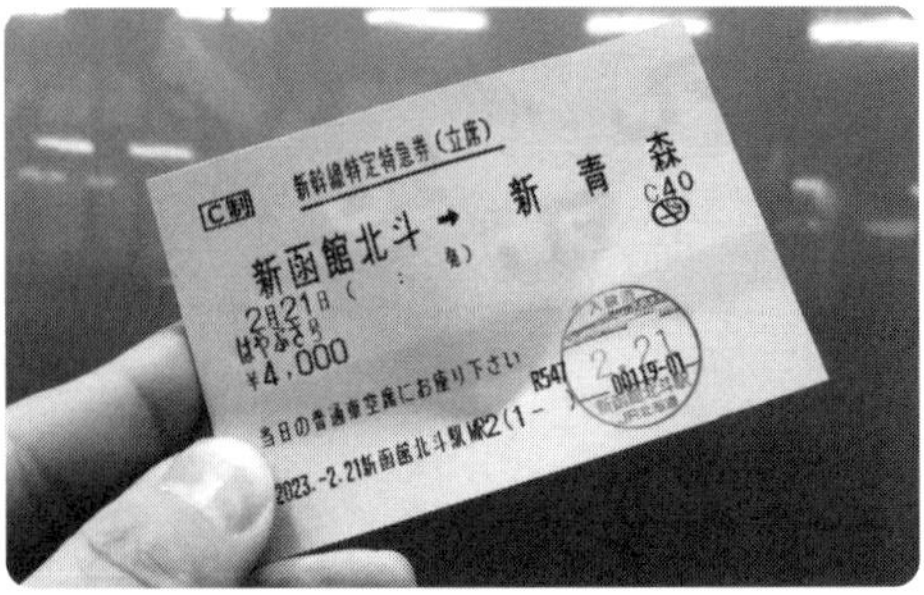

北海道・東北新幹線「はやぶさ」に乗車。青函トンネルを通りついに本州へ

16時20分発の「はやぶさ」に乗車。

「はやぶさ」は全席指定席なので「指定席特急券」を買わなければ乗車できないのだが、新函館北斗～青森間のような近距離しか乗らない人のために、「新幹線特定特急券（立席《りっせき》）」という券がある。

「(立席)」と書いているのでずっと立ちっぱなしなのかとも思ったが、これは指定席車の空席があれば座っていいことになっている切符なのだそう。

この券のおかげで指定席券を買うよりお得に乗車できるのだ。

自由席が無い分の救済措置のようなものだろう。

まぁ座った席の本物の指定席券を持つ人が来たら譲らなければならないのだが……。

13日目　2023.2/21

## 青函トンネルを抜けついに本州上陸！

「はやぶさ」は本州に向けて出発。

新函館北斗から新青森まではちょうど1時間。

新幹線でもそんなに時間がかかるのかと不思議に思ったのだが、北海道と本州を結ぶ青函トンネル内には貨物列車も走行しており、列車のすれ違いの影響によりトンネル内の最高速度は160㎞に抑えられているからなのだそう。

約54㎞にも及ぶ青函トンネルの区間に入ると車窓は真っ暗。窓に映る自分の姿を見ながら「サッポロクラシック」とチーズのしいかで乾杯する。新幹線で飲むビールはなぜこんなに美味しいのだろうか。

20分ほどでようやく青函トンネルを抜け出した。

抜けたと思っても車窓は吹雪の雪山。

やっと本州だという実感をほとんど持てないまま新青森に到着した。

最長片道切符の旅を始めて途中離脱もありつつ13日目にしてようやく本州に到着。駅に設置してあった〝リンゴ自販機〟を見て「青森に来たんだ」と実感が湧いてくる。

次は奥羽本線と五能線を経由して秋田へと向かう予定なのだが、もう夕方なので今日はとりあえず青森で宿泊することに。

新青森駅周辺にはあまりホテルがないので、最長片道切符のルートの外にはなってしまうが、追加で190円を払って青森駅へと向かう。駅から延びる道路では、固い雪が溶け始めていてぬかるみができていた。

ホテルにチェックインし、楽しみにしていた晩ご飯の時間。

今夜の晩ご飯は長万部で食べそこね、新函館北斗で運命的な再会を果たした長万部名物の「かにめし」だ。

本州に入っても北海道の食を引きずってしまうが、今日ぐらいはいいだろう。

冷凍の「かにめし」をホテルの電子レンジでチンする。

フレーク状になったカニがほかほかのご飯に乗っていて、名物になるだけあって美味しかった。

ただ、ビジネスホテルで一人で無音で食べているとなんだか味気ない気がして、やはり駅弁は旅の途中、車内で食べるからいいんだろうなと改めて思った。

締めにリンゴ自販機で買い占めたリンゴジュースを飲み干す。

今思うとこれは胃袋を北海道から本州へと切り替える儀式だったのかもしれない。

なんだかんだ順調に楽しくやってこられた最長片道切符の旅。

本州に入ってからが最長片道切符のヤバさの本番だということをこの時はまだ知らなかった。

長万部で食べ損ね新函館北斗で運命の出合いを遂げた、かにめし本舗かなやの「かにめし」を晩ご飯に

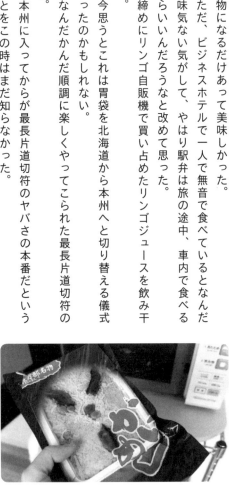

14～15日目　2023・2／22～23

## リゾート列車で海岸線を南下

14日目は青森のホテルに籠ってひたすら編集作業。

旅はお休みだったが、溜まった編集作業も進めていかなければならない。

記憶が鮮明なうちに世に出しておきたいのだ。あと実際問題としてカメラのデータ量の問題もある。この日「最長片道切符の旅をはじめます」という動画をＹｏｕＴｕｂｅに公開した。

15日目、ホテルをチェックアウトし青森駅にやってきた。

今日乗る列車は昼からの出発で、そのまま秋田まで行ってしまうので時間があるうちに観光でもするかと立ち寄ったのだ。

青森には何度か訪れたことがあって、好きな場所でもある。

色んな媒体で「青森が好きだ」と言ってきたので「なぜ好きなのか」と問われたことがあって考えてみたのだが、ふらっと行ける〝一番遠い場所〟のような気がするからなのかもしれない。

〝北に行くのは逃避、南はバカンス〟と、どこかの誰かが言っていて、その言葉が私の中に強く残っているのだ。ゆえに疲れて、現実から逃げたくなったら北へ北へと行きたくなってしまう。

北海道まで行ってしまうと一気に観光色が強まってしまう気がして、自力で辿り着ける最果てが〝青森〟であるようなそんなことを考えていた。

八甲田《はっこうだ》山中の酸ヶ湯《すかゆ》温泉や青森県立美術館など青森には何度も訪れたいほどのおすすめのスポットもある。

けれど今回は旅の途中、温泉や美術館にバスで向かうほど時間がある訳ではないので駅近の定番スポットに向うことにする。

やってきたのは「青森魚菜センター」。

ここでは青森名物の「元祖 青森のっけ丼」を食べることができる。のっけ丼は市場内に並ぶ新鮮な魚介類、惣菜、地元の特産品の中から好きな具材を載っけて食べる丼のことだ。

最初にチケットを購入し、市場の店舗で好みの具材とチケットを交換する。

私はリッチに2000円分、10枚綴りのチケットを購入した。

まずは白ご飯とチケット1枚を交換する。

お酢も置いてあってお好みで酢飯にすることもできる。

ほかほかご飯の載ったお盆を持って市場をうろうろ。

オリジナルの豪華海鮮丼。海鮮の美味しさもさることながら温かいシジミの味噌汁も身にしみる美味しさだ

マグロ1枚、サーモン1枚、ウニ2枚、店先にずらっと並べられたお刺身を見てまわる。前に来た時はケチって750円分しかチケットを買わず、余白が目立つ貧乏海鮮丼しかできなかったのだが、今回はチケットが10枚もあるので結構好き放題できてしまう。甘い卵焼きとネギトロ、真ん中にウニを載せてあっというまに豪華海鮮丼が完成した。思い返すと北海道の旅ではほとんど海鮮を食べていなかった（駅弁くらいか……）。

日本中を旅していると至る所でその土地の「海産物」を食べる機会があるもので、さすが島国とも思うのだが、正直〝新鮮味〟がなくなってくるのもまた事実……。

私は意識しなければ海鮮より肉派なのかもしれないなと思いながらも自分で具材を選び、愛着の沸いたオリジナル海鮮丼をたらふく平らげた。

青森の定番グルメを堪能したところでそろそろ列車の出発時間になる。

今日、青森から乗車するのは13時51分発の観光列車「リゾートしらかみ」。

「リゾートしらかみ」は青森から奥羽本線、五能線を経由して進み、約5時間かけて秋田まで向かう観光列車だ。

ローカル線である五能線を経由する分遠回りにはなってしま

うのだが、車窓からは世界遺産の白神山地や雄大な日本海、そしてリンゴ畑など自然の風景が見られることで人気を博している。

そしてあえて遠回りしているがゆえ、最長片道切符のルートをそのまま辿る形になっているという。

列車は青森を定時に出発。次の停車駅の新青森から2日ぶりに最長片道切符の旅の再開となる。

新青森を出発後、しばらくすると車窓に岩木山が見えてきた。岩木山はすそ野が広く美しい、「津軽富士」とも称される山だ。列車は岩木山を眺めながら津軽地方の中心駅・弘前に立ち寄る。

弘前駅では進行方向が逆になるためスイッチバックがおこなわれる。

「リゾートしらかみ」は終点秋田駅まで弘前、川部、東能代駅の3カ所でスイッチバックがある。その度に椅子の向きを変える必要があるのだが、今回私が座っている座席は「ボックス席」という、4人用の座席が仕切りで半個室のようになっているシート。

座面を引き出せばフルフラットになるので、寝台列車のよう

観光列車「リゾートしらかみ」は3編成ありこの日乗車したのは「橅（ブナ）」編成

に寝転びながらの移動もできる。今回はこの座席を1人で使っているのでスイッチバックの度にバタバタと向きを変える必要がない。

ただ、席単位での購入になるので全くの他人と相席する可能性もなきにしもあらず……。快適さを求める反面リスクも付き纏うことになる。

川部駅で2度目のスイッチバックをおこなった後、列車はいよいよ絶景路線である五能線の区間に入ってゆく。

鰺ケ沢を出発したあたりから日本海が見えてきた。冬の日本海はどんよりと暗く荒々しい。

途中の千畳敷では15分ほど停車時間があった。

千畳敷という駅名はその昔、津軽の殿様が千畳の畳を敷き宴を催したといわれる岩棚が続く「千畳敷海岸」が目の前にあるからで、現在は景勝地になっている。

移動中はただひたすらボーっと横になっていたのだが、こういう時間があると自分が今乗っているのが観光列車ということを思い出す。

駅からすぐ海の方に降りることができるのでせっかくならと私も降りてみることに。

視界には広大な岩棚が続いており、海風が吹き付ける道なき道を進んでみたのだが、海鳥が異様に集まっている場所があり、そのサスペンスのような、何かが遺棄されていそうな雰囲気に怖くなって引き返した（サスペンスの見過ぎかなぁ）。

千畳敷で下車するのは実は2回目、ちょうど1年前の冬、五能線沿線にある黄金崎不老ふ死温泉を取材するために時間調節が必要になってこの駅で途中下車したことがあった。

ただその時は完全に列車を降りてしまっていたので次の列車が来るまでには3時間待つ必要があった。

一応観光スポットだし、どこかお店もやっているだろうと安易に考えていたのだが、真冬でシーズンオフということもあってかお店はほとんどやっておらず厳しい寒さの中、途方にくれたのを覚えている。

外にいては凍えてしまうと海岸近くに立つ「食堂・民宿」と書かれた民家を訪ね歩くこと3軒目。

やっと奥からおばちゃんが出てきてくれたのだが、冬はお客が来ないからほとんど営業をしていないらしい。

ただ、寒さに震える私を見兼ねて店内に置いてくれて、簡単にできるものならとラーメンを作って出してくれた。

昔ながらの特に特徴のないラーメンだったが、冷え切った体には一番ありがたく、あったかい味がしたのを覚えている。

ラーメンを食べている間、そして食べ終わってからもおばちゃんはとなりで話しかけてきてくれた。

おばちゃんはいわゆる津軽訛りで6割ほど何を言っているのか聞き取れなかったのだが、昔はこの辺も賑わっていたと。映画の撮影で有名な俳優さんが来た時の写真も見せてくれた。今は何もなく貧しくなってしまったとも……。

「ここにはね、なんにもないんよ」

民宿として使われていたであろう部屋には段ボールが散乱していて、生活の哀愁が漂ってくる。優しいおばあちゃんの笑顔とは裏腹に先細っていく地方の現実を垣間見た気がした。

またあのおばあちゃんに会いたくてお店の近くまで行ってみたが、灯りがついておらずやっているのかやっていないのかは分からなかった。

列車の出発を告げる汽笛が鳴ったので列車に戻る。

おばちゃんはこの辺りには何にもないよと言っていたが、あのお店があるうちにまた訪れたいなとそう思った。

再び走り出した列車は変わらず日本海側を進んでゆく。17時を過ぎると太陽が水平線と交わり徐々に夜になってゆく。

列車は東能代で最後のスイッチバックをおこない秋田へはあと1時間。

私はほとんどボックスシートで寝て過ごした。

19時01分秋田に到着。

今日の旅はこれでおしまいにすることに。

同じ列車にずっと乗り続けるのも結構疲れるものなのだ。

ボックス席のシートを動かせばフルフラットにできる。約5時間という長丁場なのでできるだけ快適に移動したい

16日目　2023・2／24

# 尿意と闘いながら南へ、北へ？

昨夜は秋田駅直結のビジネスホテルに泊まっていた。

秋田駅はその名の通り秋田県の中心となる駅で、駅ナカにコンビニや飲食店などが充実していた。

ゆえに外に出るのが億劫になり、到着してから一歩も駅の外へ出ていない。

鉄道の旅をするだけなら駅の外に出る必要もないのだ……。

さて、今日最初に乗る列車は10時35分発特急「いなほ」。特急「いなほ」は在来線特急の中でも特にグリーン車が豪華と聞いている。

もともとグリーン車のなかった普通車の車両を、グリーン車に造り替える際に窓の幅に合わせて座席を設置したので普通車の〝2座席分〟が特急「いなほ」グリーン車の〝1座席分〟になっているのだそう。そのピッチは新幹線のグランクラスを上回るほどなのだとか。

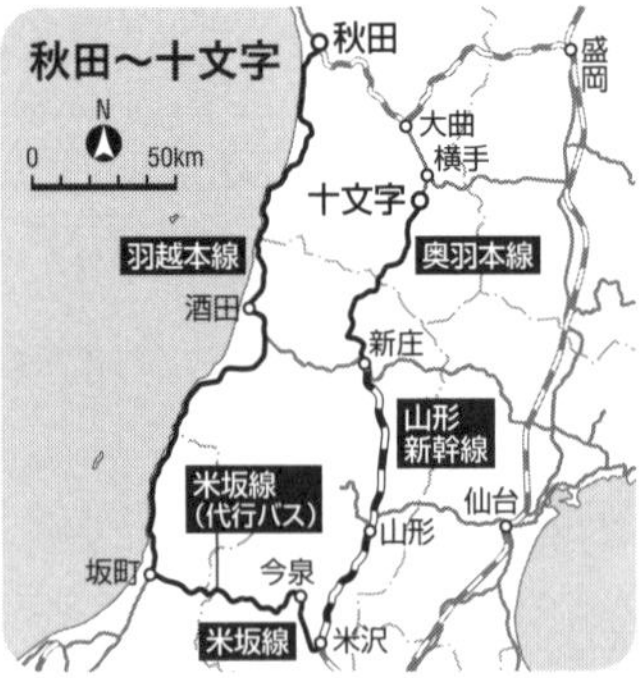


そんな事前情報を得ていたので、グリーン車に乗りたいと意気込んでいたのだが、なんとほ

16日目　2023.2/24

## 尿意と闘いながら南へ、北へ？

ぼ満席。

特急「いなほ」のグリーン席が豪華だということは一般的に知られているわけではないと思っていたのだが、その人気ぶりをみていると鉄道に詳しい人は思いの外多いのかもしれないなと思った。

結局自由席券を購入した。列車は定刻通り秋田を出発すると車内には以前常磐線特急「フレッシュひたち」で使われていたままの〝ひたちチャイム〟が流れた。

「いなほ」は羽越本線を通り日本海側を南下してゆく。途中、山形県を経由し新潟県の坂町まで約3時間の乗車。昨日ほどではないがまた長い乗車だなぁと思っていたら最悪なアナウンスが頭上に流れた。

「車両の全てのトイレで水が流れない状態になっており、手動で備え付けのペットボトルの水をご利用いただくようお願いいたします」とのこと……。

トイレが故障中だという事はわかったが、ペットボトルの水で流す？？？

「手動で流せるものなの？」「紙は？」とあまりのアナログさに理解が追いつかず、一度トイレを覗いてみると確かに2ℓペットボトルが置かれていた。それを見てなお使い方に疑問が残った私はもういっそ3時間トイレを我慢することに。

この移動は尿意との戦いになりそうだ。

秋田の市街地を抜けると車窓いっぱいに日本海が広がってきた。

昨日から日本海ばかり眺めているが、今日は珍しく晴れた日本海の姿。らしくない、といえばそうなのだが、北海道から南下してきて久しぶりに雪がかかっていない爽やかな海をみた気がする。

山形県と秋田県の県境あたりに来ると車窓からは鳥海《ちょうかい》山という美しい山が見えてきた。山頂に雪が積もった姿が富士山に似ているので「出羽《でわ》富士」とも呼ばれている。

出羽富士とも呼ばれ親しまれている鳥海山。ちなみに秋田では秋田富士とも呼ばれているのだそう

それにしても日本の富士山信仰はすごいなと、全国各地にある郷土富士を眺めるたびに感じる。事実、富士山は「自然遺産」ではなく「文化遺産」として世界遺産に登録されており、これは富士山という山そのものを信仰の対象、芸術の題材としてきた自然観や文化観が国際的に認められているからなのだけれど。

となると信仰ゆえに〝富士〟の名をつけられた郷土富士も世界遺産の構成資産に値してもよさそうなものなのにと思い。勝手にありがたがってみたり。

それはともかくこの旅で本物の富士山を見られるのは一体何日後になることやら。

庄内平野に差し掛かるとまだ雪が積もっていて、これまで同様見慣れた冬の車窓に移り変わってきた。ただ2月も後半

16日目　2023.2/24

## 尿意と闘いながら南へ、北へ？

に差し掛かり、羽越本線名物ともいえる吹雪の中、雪を跳ね除けながら運転する姿は流石に見られなかった。怖いもの見たさで少し見ておきたかった気もするのだが、遅れの原因にもなったりするので喜んで見るものでもないのだろうか。

特急「いなほ」に乗車してから約3時間かけてようやく目的地の坂町に到着した。ここから米坂線に乗り換え山形県の米沢を目指すのだ。が、ここでいったん途中下車をする。

膀胱が破裂する前にトイレに駆け込むためだ。というのは半分冗談で（半分本気）。実はこれから乗る予定の米坂線は2022年の8月の大雨の影響により坂町から今泉までの区間が不通になってしまい、その区間の運行を代行バスが担っているのだ。なのでどのみち駅の外に出る必要があった。

トイレを済まし駅前に出てみると、すでに代行バスが待っていた。早速乗り込んだ大きなバスには私を含め3人しかいなかった。

代行バスは米坂線と並行する国道113号を進んでゆく。終点今泉まではなんと2時間10分もかかる。

出発してからしばらくすると土砂災害が起きた場所のすぐ脇を通ってゆく。たくさんの重機が置かれていてまだ復旧作業の真っ只中という感じだ。

バスは峠にある県境を通過し、再び山形県へと入っていく。

1時間ほど進むとこの区間唯一の有人駅である小国に到着。駅員さんに「長時間お疲れ様でした」と出迎えられてここで10分ほどトイレ休憩があった。

駅員さんがいるのに半年以上列車が来ていない駅。

ホームを覗いてみると線路に雪が積もっていて、列車が来ないから雪かきの必要もないのだろうが、使われなくなった駅の光景に寂しさを感じた。

その後代行バスは荒川の支流沿いを進み、終点今泉に到着。

ここから米沢行きの普通列車に乗り込んでゆくのだが、なんとここでもまさかのトイレに使用禁止の張り紙が……。今日はほとほとトイレ運がないようだ。

乗車してから約30分、米沢に到着。

駅に着いた頃には時刻はもう17時になっていて、ここで少し早い晩ご飯を食べることに。

米沢といえば全国的にも米沢牛が有名で、駅のホームにも牛のモニュメントが鎮座している。

本当は焼肉でも食べたかったのだが、次列車の出発がちょうど1時間後。

移動含め1時間で焼肉を食べる事はできなくはなさそうだが、少々リスキーだなと思い駅ナカの蕎麦《そば》屋で済ますことに。

米沢駅ナカの立ち食い蕎麦屋には980円の「牛肉そば」というご当地メニューがあって、蕎麦の上に米沢牛が載っている。

駅蕎麦にしては高いと思いつつ、せっかく米沢に来たのだからと牛肉そばの食券を買う。

16日目　2023.2/24

## 尿意と闘いながら南へ、北へ？

食券をおばちゃんに渡すと「はいよー」とものの30秒ほどで牛肉そばが出てきた。お蕎麦の上にお肉とネギが載っている。派手さはないシンプルなビジュアルにそれほど期待はしていなかったのだが、お肉を頬張ると旨味が口いっぱいに広がってきた。

今までも旅先でご当地ブランド牛を食べる機会はあったが、米沢牛は嫌な癖がなく一番美味しいとさえ思えた。

ただ、立ち食い蕎麦ゆえ5分で食べ終えてしまう。コスパで考えると長く肉を楽しめる焼肉やステーキの方がいいと思えるが、パッと食べる分には牛肉そばという選択もいいのかもしれない。蕎麦屋のおばちゃんも優しかったし。

腹ごしらえを終え、次に乗車するのは山形新幹線「つばさ」。

東京から山形県の新庄までを結んでいる山形新幹線は東京〜福島間は東北新幹線の線路を走り、福島〜新庄間は奥羽本線、いわゆる在来線と同じ線路を走るのだ。ゆえに「ミニ新幹線」と言われていたりもする。

18時08分、山形新幹線は奥羽本線を一気に北上してゆく。

特急、バスに乗り1日かけて南下したのだがここから新幹線に乗って北上してゆく。これが最長片道切符の旅だ

せっかく新潟まで南下してきた道のりを、再び北上し秋田へと戻ってゆくのだ。今までは「北海道脱出」や「南へ行く」など明確な目的を持って鉄道に乗れていたのだけど、来た道を引き返すような移動の意味がわからなさすぎて地図を辿るときに思わずため息をついてしまった。ただこの無駄な遠回りこそが最長片道切符の本質とも言えよう。

山形新幹線の在来線の区間は最高速度が130㎞に制限されているので新幹線としてはゆっくりと進み1時間22分かけて終点の新庄に到着。

今日は特急、バス、新幹線と乗り継いで南へ行ったり北へ行ったり。目的が見えない移動をし、心も身体も疲れ果ててしまった。しかし今晩の宿を秋田県に取ってしまったのでまだ先へ進まなければならない。

「もうやだー」。周りに人がいなくなった瞬間、感情が溢れてしまった。

新庄駅のベンチでぐったりしていると緑の巨大なぬいぐるみが視界に映った。

それは山形県のご当地キャラ「きてけろくん」というらしい。

「きてけろくん」は横顔が山形県の形をしていて、思うに千葉県マスコットキャラクター「チーバくん」と同じ成り立ちで誕生したキャラだ（「チーバくん」も横からみると千葉県の形をしている）。

私は今までも日本各地を巡ってきて、マスコットキャラとは地方PRの仕事として絡むこともあった。しかしそこまで興味を惹かれたことはなく、乱立しすぎているマスコットキャラ業

16日目　2023.2/24

## 尿意と闘いながら南へ、北へ？

横顔が山形県のカタチをしている「きてけろくん」。「山形県おもてなし課長」として県のＰＲに奮闘中とのこと

界に冷ややかな目さえ向けていたのが正直なところだった。

ただ、初めて訪れた誰もいない夜の駅で「きてけろくん」だけが「ようこそ」と出迎えてくれていて、その人畜無害そうな顔に心底癒されたのだ。

「きてけろくん」の横顔的に今いる新庄はちょうど目の位置、今日はそこから北へ秋田へと抜けていく。

そう考えると「あと少しだけ頑張ろう」と進む勇気が湧いてきた。

次は20時18分発の奥羽本線の普通列車に乗車。

ほとんど人が乗っていないロングシートの車両に約1時間乗車し、宿のある秋田県の十文字で降りた。

十文字は羽州街道沿いにある街で、増田道と浅舞道と交差する交通の要所として発展していったという歴史がある街だ。

今晩はかつて茶屋街だった通りに建つ築１００年の蔵を改装したゲストハウスに宿泊する。

17日目　2023・2／25

# 妥協して続行か、軌道修正をするか

朝、宿を出発しようとすると雪が降っていた。東北もまだまだ寒い。

昨日は怒涛の移動で疲れ果ててしまったが、今日も今日とて最長片道切符の旅は続く。「目的が……」「効率が……」などと考えるのはやめることにした。ある種「達観」しなければこの旅は続けられない。

さて、本日最初に乗る列車は9時04分発の奥羽本線秋田行きの普通列車。こちらに乗って3駅先の横手まで向かう。

車窓を眺めているとさっきより吹雪いてきた。

乗車してから12分で横手に到着。

横手は焼きそばとかまくらが有名な街だ。毎年2月半ばに開催される「横手の雪まつり」の時期には市内に80基ほどかまくらができ、地元の子どもたちが「はいってたんせ」と招き入れてくれるのだとか。

かまくらの中では甘酒や餅など振舞ってくれるのだそう。なんとほっこりする祭りなのだろ

## 妥協して続行か、軌道修正をするか

う。

　私は大阪で生まれ育ったので雪にそこまで馴染みがなく、ましてかまくらなんて夢のような存在だった。

　今回の旅でも日程が合えば見てみたいと思っていたのだが、結局間に合わず、祭りで使われていたかまくらのほとんどが取り壊されてしまったのだそう。

　唯一残っていたかまくらを見に10分歩いて行ってみたのだが、吹きっさらしのなかに一基だけ立つかまくらの中は暗くて寂しい感じがした。

　ただ、よく考えてみればそんなことをしている場合ではなかった。

　実は私の最長片道切符のルートは間違っていることに気がついたのだ。

　私の持っている切符だとここから北上線に乗り換え北上に向かうことになっているのだが、このルートで行ってしまうと盛岡などに立ち寄ることなくショートカットしてしまうことになる。

　これは切符を作る時点でのミスだったようで、実は最長片道切符のルートは1つだけではないのだ。

　基本は〝JR路線でもっとも長いルート〟と決まっているのだが、第三セクターの鉄道会社を含めるか否か、BRT（バス・ラピッド・トランジット）を含めるか否かなど、切符の作成時に複数選択肢がある。

私はシンプルなＪＲのみのルートを選んだつもりが、どうやら途中第三セクターを通るルートと混同してしまっていたようなのだ。

最長片道切符は一筆書きであえて遠回りをするという切符なので、ＪＲのみで行くなら横手からは奥羽本線で大曲、田沢湖線で盛岡、東北本線で花巻、釜石線で新花巻、そして新幹線で北上《きたかみ》というのが正しいルート。

ここから最長ルートに軌道修正するか、それともほとんどバレないからと妥協してショートカットするのか。待合室で考えてみた。

そして、別料金を払うことにはなるが最長ルートを行くことに決めた。おそらく二度とない旅だ。正直に向きあおう。

というわけで再び奥羽本線に乗って３駅先の大曲まで向かう。

大曲からは田沢湖線に乗り奥羽山脈を東へ横断し盛岡へ。

相当な時間ロスを覚悟していたのだが、今から乗る田沢湖線には１時間に１本、秋田新幹線「こまち」が走っている。

秋田新幹線「こまち」は昨日乗った山形新幹線「つば

かまくらで記念撮影。ただこの後ルートの間違えに気づき妥協か軌道修正か決断を迫られることになるのだ

17日目　2023.2/25

## 妥協して続行か、軌道修正をするか

さ」同様、在来線の線路を通るミニ新幹線。大曲から盛岡までは約1時間で到着する。思っていたよりは速い。

出発時、駅に吊るされている花火大会の横断幕がチラッと見えた。大曲といえば日本三大花火大会の一つにも数えられる「全国花火競技大会（大曲の花火）」が有名で、この小さな街に約70万人もやってくるのだそう。雪が積もる車窓を見ながら夏に思いを馳せてみた。

秋田新幹線は角館、田沢湖といった秋田の観光地を通り過ぎ岩手県に入ってゆく。出発から1時間ほどで北東北の玄関口盛岡に到着。

ここでは新幹線「はやぶさ」と「こまち」の連結作業を見ることができる。「ほほぅ」と思いながら連結後東京へ向け走ってゆく新幹線を見送った後、ちょうど昼時なので盛岡駅周辺でランチを食べることに。

盛岡には独自に発展した麺文化がある。

岩手県は緯度が高いため気温が低く、稲作には向いていなかったのだそう。

その結果、ヒエや小麦、ソバの栽培が盛んになり、粉を使った麺が発展したのだ。

現在盛岡を代表する三大麺として名を馳せているのは「冷麺、じゃじゃ麺、わんこそば」。

以前訪れたときに冷麺は食べたので、わんこそばかじゃじゃ麺の二択に絞れたのだが、わんこそばにチャレンジするほど時間とお腹に余裕がある訳ではないので、今回はじゃじゃ麺を食べることに。

ジャージャー麺ではなくて「じゃじゃ麺」は盛岡の郷土料理なのだそう。

とりあえず盛岡駅の駅ビル「フェザン」の中にある人気のじゃじゃ麺屋「小吃店《しょうすうてん》」を訪れた。

じゃじゃ麺はゆでたうどんに甘めの肉味噌を絡めて食べるらしい。結構もったりしてて非常に混ぜにくい。どれだけ混ぜれば正解なのかがよくわからないので初めて食べる時の難易度が高い食べ物だ。肝心の味はというと、かなり薄味。

なので卓上に置かれた酢やラー油、ニンニクをガンガン入れて自分好みの味にするのが正解なのだそう。飲食店、特にカウンター席で追加で味を足すのはなんだか申し訳ない気もするが、ここでは足すのが通の食べ方なのだ。

じゃじゃ麺は麺を半分食べたところで卵を割り入れると「ちーたんたん」に。一度で二度美味しい郷土料理だ

そして麺を半分食べ終わったところで、じゃじゃ麺にはもう一つの食べ方がある。プラス１００円を支払うことで「ちーたんたん」にできるのだ。

じゃじゃ麺からのちーたんたんとは、一見ふざけているようにも聞こえるが、盛岡文化として70年近く浸透しているれっきとした食べ方で、恥ずかしがっていては逆に失礼になる。

私は声高らかに「ちーたんたん下さい！」と注文した。

ちーたんたんは麺が半分残った器に卵を割り入れて厨房で麺のゆで汁を足してもらう事で完成する。簡単にいえば卵スープ麺だ。モッタリとしていた麺にスープが加わることでちゅるち

17日目　2023.2/25
## 妥協して続行か、軌道修正をするか

ゆると食べやすく優しい味になる。これはこれでいける。

盛岡の食文化に触れ、やっぱり妥協をせずに盛岡に来てよかったと思えた。


盛岡からは東北本線で花巻へ向かう。花巻は宮沢賢治の出身地として有名な地だ。彼の追い求めた理想郷〝イーハトーブ〟を求めこの地には毎年沢山の人が訪れる。

最近は大谷翔平選手効果も凄そうだが。


次は釜石線で新花巻へ。

一見こぢんまりした駅だが、れっきとした新幹線の駅。ここから再び新幹線「やまびこ」に乗車。在来線に乗ったり新幹線に乗ったりなかなか忙しい行程をこなしていく。

ただ、本州で一番面積が広い岩手県を新幹線で快適に南下できるのは嬉しいことだ。

新幹線は途中の北上に到着。

ここから私の持っている最長片道切符のルートが再開する。

停車時に一瞬だけホームに降りて駅名標を撮影した。ミスのリカバリーができたのでこれで心置きなく進んで行ける。

停車駅である一ノ関を出発後、県境のトンネルを越えるともうここは宮城県。

約50分間の新幹線での快適な移動を終え、古川へ。

古川からは在来線の普通列車に乗り換える。そのままさっきの「やまびこ」に乗りつづければ13分で仙台に到着できるのだが、最長片道切符はここでも徹底的に遠回りをするのだ。

陸羽東線の普通列車に乗り3駅先の小牛田まで、そして石巻線の普通列車に乗り換える。乗り換えは細かいが、ここら辺は1時間に1本、下手すりゃ2時間に1本しか列車がこないので逃すわけにはいかない、と慎重に乗り換える。

列車は前谷地を通過。ここは気仙沼線との分岐となる駅。

気仙沼線は柳津より先の区間が東日本大震災で被災したことによりBRT化されたので、今回私の最長片道切符のルートには含んでいない。

乗車してから約30分で石巻に到着。駅のホームには『仮面ライダー』や『がんばれ!!ロボコン』の絵が描かれていた。

宮城県は漫画家・石ノ森章太郎先生の出身地。ここ石巻にも少年時代足繁く通うなど深い思い出があったのだそうで、駅や商店街に漫画のキャラクターが点在している。

私はアンドロイドと長年（6年）自称しているので、『サイボーグ009』にシンパシーを感じ、主人公「009」の像と記念写真。

次に乗る列車は仙石線の205系。

海沿いを走る仙石線は2011（平成23）年の東日本大震災の際には津波で壊滅的な被害を受けた路線だ。車内には津波警報が発表された場合のお願いが貼られていた。

列車は高架橋を進んでゆく。震災後元々あった線路を山側に移設し、新しく高架橋として造

17日目　2023.2/25

## 妥協して続行か、軌道修正をするか

り直されたのだそう。

震災後高台に移設された野蒜《のびる》を通過。５００ｍほど海側には被災したかつての野蒜駅があり、ホームは震災当時のまま震災遺構として、駅舎は「東松島市震災復興伝承館」として残されている。

列車は松島湾沿いを通り過ぎる。松島海岸は日本三景・松島の最寄り駅だ。海に小さな島がぽつぽつと浮かんでいて俳句「松島や ああ松島や 松島や」でも知られている。被災した仙石線を辿ってきた上で見える海は美しいのか、恐ろしいのか、日が落ちてしまっていたのでそれを確かめる術はなかった。

乗車してから約1時間20分、ようやく仙台に到着。東北一の大都会・仙台に来たのだからもう今日は移動は終わりにする。個人的に活気がある大都市が好きなのでしばらく滞在することにしよう。

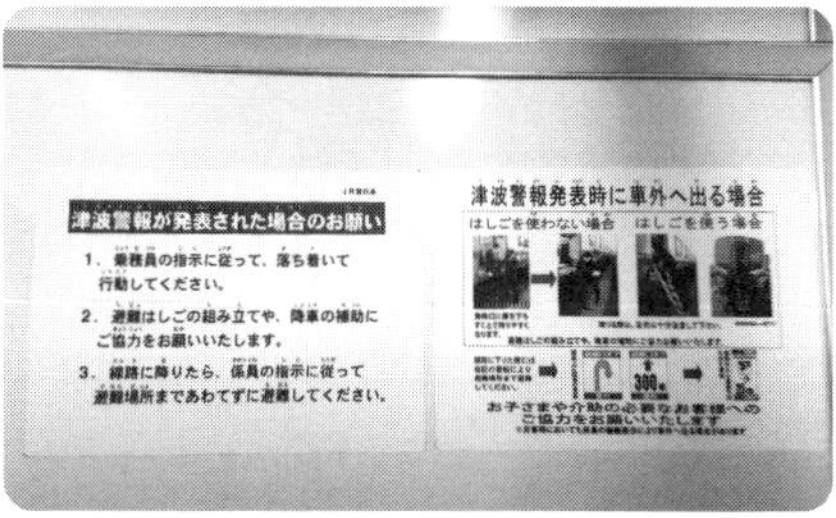


2011年の東日本大震災で被災した仙石線の車内に掲示されていた津波警報発表時のお願い

18～20日目　2023・2／26～28

## 大震災の被害と復旧の姿

18、19日目はホテルで編集作業をしたり、まつ毛サロンに行ったり。たとえ過酷な長旅の途中でもキレイでいたいと思うのは乙女心ゆえなのか。

20日目、最長片道切符の旅の再開。東北は縦にも横にもでかい。先を急がねば。

今日はまず東北新幹線で仙台から福島まで向かう。

朝から新幹線利用ということで気分はいいのだが、この区間はトンネルがちで景色はほとんど見えなかった。

新幹線は県境を通り福島県に入っていく。乗車時間は25分、あっという間だ。着く直前、車窓からはっとするほど美しい山が見えた。福島市内を見下ろす美しい山。

「あれは、なんという山なんだろうか」

そんなことを考えているうちにすぐに福島駅のホームに入ってゆく。一瞬しか見えなかった景色にすっかり魅せられてしまった（私が見た山は吾妻《あづま》連峰というらしい）。

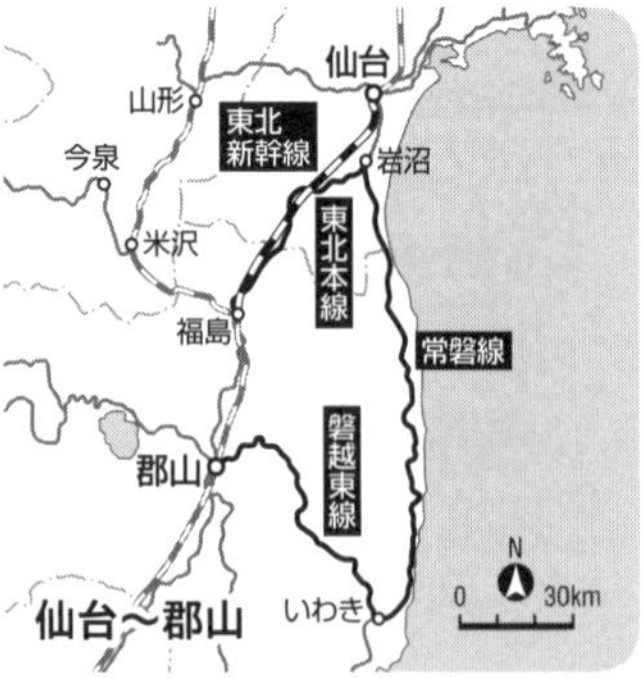

仙台～郡山

18～20日目　2023.2/26～28

## 大震災の被害と復旧の姿

続いては11時40分発、東北本線の下り普通列車に乗っていく。

先ほど仙台から東北新幹線で南下してきたところを、今度は在来線の東北本線で仙台方面まで戻るという一体何のためにと問いたくなるルートを今日も進む。

列車は新幹線の線路と並走する形で走ってゆく。

車両は701系、ロングシートゆえ景色を見ようとすると首が捻れて疲れる。

県境を越え再び宮城県に入ると車窓からはかの有名な蔵王《ざおう》連峰が見えてきた。

首がいたいなどとぐちぐち言ってはいたものの、景色をゆっくり眺められるのは在来線の良さでもあるなと感じられた。


というわけで1時間以上かけて岩沼に到着。今度は常磐線に乗り換えて福島県の海沿いを走っていく。ここからいわき駅までは乗り換えを含め2時間26分。

首都圏にも乗り入れておりおなじみの常磐線だが、普通列車で行くとかなり時間がかかる。

以前「青春18きっぷ」で仙台から東京まで、常磐線の乗り通しをした際には7時間以上もかかった。

そして、この常磐線沿線を語るのなら東日本大震災の被害の大きさと復旧のことも語らなければならないだろう。

13時03分、列車は岩沼駅を出発。この列車の始発は仙台なのだが、岩沼までは東北本線を経由していたので、常磐線の始点駅となると岩沼になるのだ。

その後、列車は坂元を出発。

この辺りは東日本大震災の津波の影響で浸水し、復旧した際に内陸に移設、高架化された区間となる。坂元を過ぎると再び福島県へと入ってゆく。

列車は浪江を通過。浪江から4駅先の富岡までの区間は東日本大震災と東京電力福島第一原子力発電所事故の影響で長い間不通になっていた区間。事故から9年の月日を経て2020（令和2）年3月14日に運転が再開され、常磐線が全線開通となったのだ。

駅舎には空間放射線量を測定する機械が付いていて、現在では東京都内と変わらない数値になっているのだそう。

双葉〜大野間の車窓から見える東京電力福島第一原子力発電所

列車は浪江のおとなり、双葉に到着。双葉は福島第一原発の最寄り駅で距離にして4㎞ほどしか離れておらず駅周辺も長らく帰宅困難区域に指定されていた。
双葉町のアーケードにはかつて「原子力明るい未来のエネルギー」という標語が書かれていて、原発のおかげで発展を遂げた街でもあるのだ。
事故から11年5カ月が経ち2022年にやっと避難指示が解除された。

18〜20日目　2023.2/26〜28

## 大震災の被害と復旧の姿

ちょうどその頃一度取材で訪れたのだが、街に人はおらず、倒壊した建物が目立ち、震災から11年の時が経ったとは思えないような景色がそこにあった。

この場所ではまだ11年、復興の真っ只中なのだ。

列車は福島第一原発に一番近い場所を通ってゆく。距離にすると2㎞ほどしか離れていない。肉眼でも福島第一原発の排気塔やクレーンが確認できた。

海岸線から300mしか離れておらず、津波の直撃を受け駅舎が流されてしまった富岡を通過。現在では移設し建て直されていて、かつて海が見えていたであろう方角には高い防波堤が見えている。

常磐線に長時間乗り続け、ようやくいわきに到着。

ここから磐越東線の普通列車に乗り換えて福島県内の郡山を目指す。

今日は普通列車三昧だ。

磐越東線は阿武隈山地を東西に貫き、いわきと郡山を結ぶ路線。福島県の二大都市を結ぶにもかかわらず始発から終点まで全区間を走る列車は1日5本のみのローカル線だ。

乗車するのは東北ではお馴染みのキハ110系の車両。ボロい車両にもかかわらず上り勾配の坂を軽々と登ってゆく姿が爽快だ。途中、絶世の美女として知られている小野小町《おののこまち》の生誕伝説が残る小野新町《おのにいまち》で10分ほど停車時間があった。駅の自販機で温かいコーンスープを買ってべンチで飲む。たまにこうして列車の外に出る時間を作らないと息がつまってしまう。

列車が出発し、入水《いりみず》鍾乳洞の最寄り駅の菅谷、あぶくま洞の最寄り駅の神俣と過ぎた頃、車窓には美しい夕日が映っていた。


乗車してから約2時間、すっかり日も暮れてきた頃東北新幹線の高架橋が見えてきた。もうそこは郡山。

仙台に次ぐ東北第二の都市・郡山に初めて降りたったが、かなり立派な街だ。

県庁所在地の福島市よりも栄えているのだとか。

時刻はもう18時前、ここから移動するのは少しおっくうなので今日は郡山に泊まることに。ビジネスホテルにチェックインし夜の街に繰り出してみる。

夜ご飯を食べる時は出来るだけ地元の名物を食べたいと思っていて。

事前に、目星を付けていた「安兵衛《やすべえ》」という地元で人気の居酒屋さんにやってきた。店先には赤提灯が灯っている。

一人旅をずっとしているくせに、シャイな性格なので一人で居酒屋に入るのは結構ハードルが高い。

ただ、カメラを握りしめ動画を回すという〝てい〟で勇気を出して入ってみた（実際カメラを回すのだが）。

キッチンを囲むように設置されたカウンター席に通された。

メニューを眺めると地元郡山の食材を使った料理が沢山ある。

郡山では鯉を食べるらしく、他の地域ではあまり食べるイメージの無い鯉の刺身を頼んでみることに。恐る恐る食べてみたら全然臭みなくさっぱりしていて美味しい。

他にも店長さんのおすすめの「ジャンボなめこ天ぷら」やマグロとニラのユッケなどが運ばれてくる。

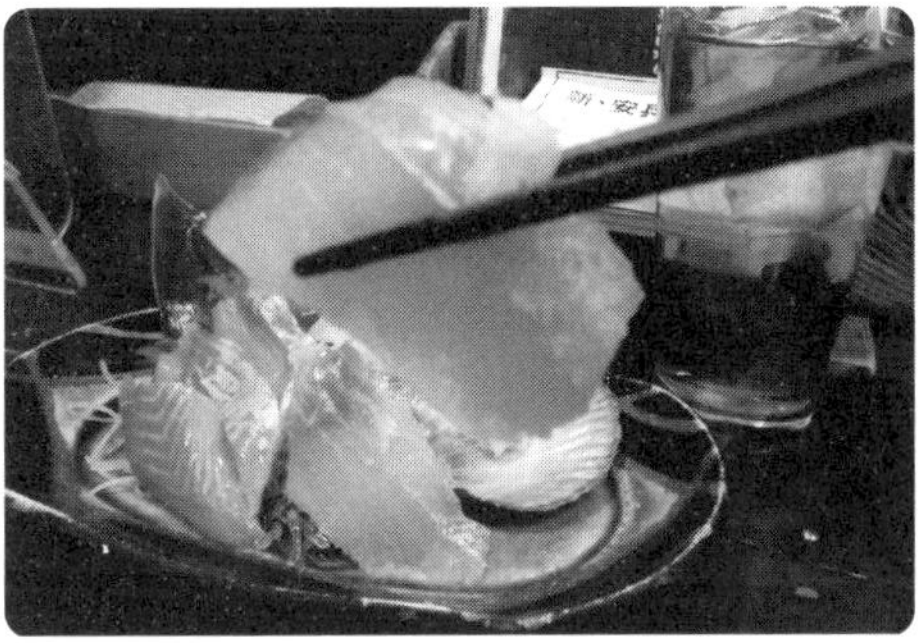

郡山で食べた鯉の刺身。明治時代に貴重なタンパク源として鯉の養殖が盛んに行われるようになったという

話し相手もいないので黙々と料理を食べていたら、となりに座っていたサラリーマン2人組に話しかけられた。

聞くと、金髪にワンピース姿で一人ご飯をもりもり食べている姿が奇妙だったのだそう。

「今、日本一周中なんです」という軽い会話をしていると、そのうちの1人が私のYouTubeの視聴者さんだったことが判明（髪型が違うから気づかなかったのだそう）。

彼から「福島に来てくれてありがとう」と言われた。

それはきっと何気ない言葉だったのだろう。ただ、今日私が被災地を通ってきたからかもしれないが、いろんな思いがあっての言葉のような気がして。

彼に「今朝、福島駅から美しい景色を見た瞬間から福島が大好きになりました」と伝えた。

21日目　2023・3／1

## この切符で見えた人々の「日常」

昨夜、居酒屋で出会ったサラリーマン2人組に「是非、郡山を案内したい」と言われたがこれは期限つきの旅なのでそんな訳にもいかない。

まだまだ最長片道切符の旅は続くのだ。

今日は磐越西線を西へ西へ、県境をまたいで新潟県を目指す。

進む路線はずっと磐越西線なのだが、直通はないので乗り換えが3回もあり、そのたびに待ち時間もあるのでなかなか難儀なポイントでもある。

今日最初に乗る列車は10時15分発快速「あいづ」。

快速なので普通運賃で乗車することが可能なのだが、快速「あいづ」には1両の半分をリクライニングシートに改造した14席限定の指定席がある。

終点会津若松までは1時間程度の乗車だが、できればリクライニングしたいと追加で530円を払い指定席を取った。

郡山〜新潟

21日目　2023.3/1

## この切符で見えた人々の「日常」

郡山を出発後、列車はどんどん山間部に入っていく。

3月になったというのに山の方にはまだ雪が積もっていた。

猪苗代付近まで来ると車窓から立派な山が見えてくる。

それは福島県のシンボル磐梯山。綺麗な三角の形をしていることから「会津富士」と呼ばれているが、見る角度によって大きく姿が異なる山でもある。

裏磐梯と言われる北側から見ると過去の大噴火で山頂が吹き飛んだ荒々しいさまを見ることができるのだそう。

乗車してから約1時間で終点会津若松に到着。

接続の関係で次の列車まで2時間空くので会津若松をぶらぶらしてみることに。

会津若松といえば、江戸時代には会津藩の城下町として栄えた会津地方の中心都市で、現在でも会津若松城（鶴ヶ城）や飯盛山《いいもりやま》の白虎隊士の墓などの歴史的スポットがある。

せっかく時間があるのでお城まで行ってみることに。

630年ほど前に築かれ、戊辰《ぼしん》戦争の時には1カ月に及ぶ激しい攻撃に耐え抜いた〝難攻不落〟の名城として知られる会津若松城。入り口までやってきたのだが、なんと天守がちょうど工事中で入場はできないとのこと。

残念だが会津若松城限定のシャチホコ焼きを食べて帰ることに。ほぼたい焼きだが、形が〝シャチホコ〟になっていて350円もする。おいしい商売だなと思う。

駅に戻ると白虎隊士の像が駅前に立っていたのに気がついた。さきほど白虎隊にまつわる立て看板を読んだので、よくあるただの子どもの像と思っていた像が白虎隊の像だと気づいたのだ。

私は「大河ドラマ」などほとんど見ないので旅の中で知る歴史も多い。白虎隊の悲しい歴史も今知った（昔学校で習ったのかもしれないが）。知らないものは、視えても目に入らなかったようだ。

改めて見る白虎隊士の像は城の方を向いて凛々しく立っていて、その姿に胸がギュッとなった。

次は13時25分発、喜多方行きの普通列車に乗っていく。乗車する車両はキハ110系。喜多方までは電化区間のはずだがこの先の列車は全てディーゼルカーになる。といっても喜多方までは16分で到着するのだが。

というわけであっという間に喜多方駅に到着。喜多方といえば日本三大ラーメンの一つに数えられるほどラーメンが有名。『桃鉄』でもラーメン屋さんをよく買い占めたものだ。

ここでも40分ほど待ち時間があったので昼食に喜多方

鶴ヶ城天守は工事中のため入れず。せっかくなので城と赤べこと3ショットで撮影

21日目　2023.3/1
## この切符で見えた人々の「日常」

ラーメンを食べることに。とりあえず駅近のラーメン屋へ。

メニューに喜多方ラーメンの文字が無かったのでお店の人に聞いてみるとここではシンプルな「支那そば」が喜多方ラーメンを指すのだそう。

チャーシュー、メンマ、ナルト、ネギが載った昔ながらのビジュアル。あっさりとした醤油ベースのスープに絡む太めの縮れ麺。初めて食べたのだがどこか懐かしい味がして私は好きだった。今時650円という値段も嬉しい。

ラーメンを食べ終え旅の再開。ただ、喜多方からは鉄道ではなく代行バスでの代替輸送となる。

2022年8月の大雨による被害で川に架かっていた橋梁が崩落し、喜多方〜山都間が不通になったのだ。

この旅をしていると天災でインフラが崩れ、代替輸送となってしまっている地域がこれほどまでに多いのかということに気づく。ただ観光地を巡る旅ならばきっと知らなかっただろう。

代行バスの乗客の8割は高校生だった。

高校生たちは日々のたわいのない話で盛り上がっていて、私はそれを聴きながらウトウトしていた。

出発してから約30分でバスの終点・山都に到着。

ここは蕎麦が有名らしいのだが、さっきラーメンを食べたばかりなので特にすることなくぼーっと次の列車が来るのを待っていた。

やってきた列車はＧＶ−Ｅ４００系。のどかな風景とミスマッチなほどハイテク感あふれる車両。２０１９（令和元）年８月から運転を開始した新しい車両で、ディーゼルエンジンで発電しモーターを回して走るという電気式気動車だ。ゆえに地方の非電化区間でも走ることができる。

列車は15時に山都を出発。終点新津までは2時間の乗車。列車は阿賀川《あが》を渡り新潟県に入っていく。新潟県では阿賀野川と呼ぶ。長時間乗っていると日もどんどん暮れてゆく。乗車してから約2時間でようやく終点の新津に到着。

磐越西線でほとんど本州横断のようなルートを進んだ後だが、ホッとする間もなく7分で次の列車に乗り換え。

次の列車は17時18分発の信越本線直江津行きの快速列車。

45分ほどで長岡に到着。長岡といえば「長岡まつり大花火大会」が有名だ。花火大会のイメージが強すぎて、他には何もなさそうという偏見さえ持っていた。

ただ、実際に降り立ってみると思ったよりも都会で。駅中には新潟県の地酒を飲み比べできるお土産屋さん「ぽんしゅ館」もあった。

新潟県内で「ぽんしゅ館」がある場所は都会認定されていると勝手に思っている。

今日はここで旅を終え一杯グイッとやるのもいいかなと思ったのだが、長岡でホテルが見つ

21日目　2023.3/1
## この切符で見えた人々の「日常」

からなかったため、致し方なくルートを進めることに。

次に乗るのは上越新幹線「とき」。

叶うならば2階建てのE４系新幹線「Ｍａｘとき」に乗りたかったのだが２０２１年10月に引退してしまったため、Ｅ２系のノーマル「とき」に乗ってゆく。新潟の新幹線でいえば以前乗った「現美新幹線」も運行が終了してしまったし、新幹線といえども乗りたいと思ったときに乗るべきだなと思った。

「とき」は20分ほどで新潟駅に到着。

新潟駅は本州の日本海側では唯一の政令指定都市である新潟市の主要駅。

駅は長い間再開発工事が行われていて、駅周辺もめざましい変化を遂げていた。

ただ地方都市の夜は早いのか一人で入れそうなお店はどこも空いていない。仕方がないので宿近くのマクドナルドで夕食を食べる。

日本有数の米どころでハンバーガーというのはもったいない気もしたが、久しぶりに食べるジャンキーな味は美味しかった。

まだ旅も中盤だが切符がボロボロになってきたのでセロテープを借りて補強。先は長い

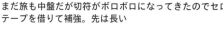

22～23日目　2023・3／2～3

## 痛恨のミスでエンドレス新潟

22日目はホテルで編集作業をしていた。合間に「万代シティ」でスニーカーを買い、これまで履いていたスノーブーツを実家に送るなど。もう春が近い気がする。

翌23日目。今日は3月3日、ひな祭り。ただそんな行事とは関係なく今日も鉄道旅をしてゆく。

新潟駅は大規模工事の真っ只中でごちゃごちゃしている。そのせいもあるかもしれないが、駅の案内サインが非常に分かりにくい。

矢印で指されている行先が全部「在来線」でひとまとめにされ、越後線に乗るために何番線に行けばいいのか一目見ただけではわからない。初見殺しの駅だ。

コンコースをしばらく彷徨った後、3番ホームに辿り着いた。今から信越本線の特急「しらゆき」に乗って柏崎駅に向かってゆく。

列車は10時21分に新潟駅を出発。

柏崎までは1時間20分ほどあるので新潟駅で買っておいたおにぎりでも食べてのんびり過ご

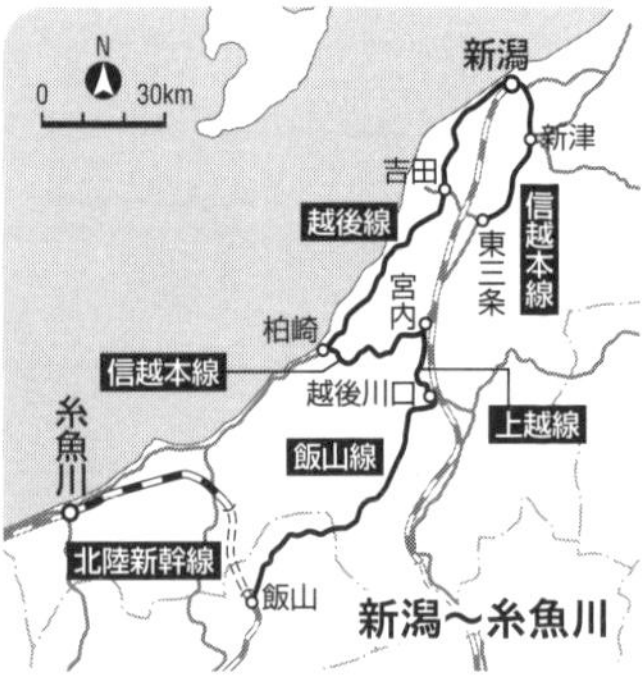

## 痛恨のミスでエンドレス新潟

そうかなと思っていたのだが、車内アナウンスで〝新津〟というワードが聞こえてきた。「あれ？新津って昨日通ったよなぁ」とそんなことが頭をよぎる。

しばらく信じたくなくて思考をするのをやめていたのだが、意を決して路線図を見返してみると、新津はやはり昨日通っていた。

最長片道切符は同じ駅を2回通過してはいけないというルールがあるのであわてて列車から飛び降りる。まったく来る予定のなかった東三条で途中下車。

駅の待合室でルートを確認してみると、新潟から柏崎へ向かうのは合っているのだが、乗る路線を間違えてしまっていたようだった。

新潟〜柏崎間は今乗ってきた信越本線経由で行く方が距離が長いのだが、昨日通ってきたルートと重複する箇所があるので、ルート的に越後線に乗らなければならなかったのだ。痛恨のミス。

とりあえず新潟〜東三条間は最長片道切符のルート外になるのでここまでの運賃を精算。そして新潟駅に戻らなければならない。

次の列車が来るまで東三条で1時間ほど待ちぼうけ。しかも雨まで降ってきた。待合室でおにぎりを食べるなどして時間をつぶす。

11時58分、新潟まで戻るため、再び特急「しらゆき」に乗車。時間も特急料金も無駄になってしまった。

さて、新潟に戻ってきた。一旦ふりだしに戻る感じ。

ここから正しいルートの越後線に乗っていくのだが、次の列車も1時間後ということで新潟でも待ち時間が発生。

昼時だし、せっかくなので新潟県民のソウルフード「みかづきのイタリアン」を食べに行くことに。

イタリアンという名前ゆえトマト、チーズ、バジル的な何かを想像すると思うのだが、実は焼きそばにミートソースをかけた食べ物。

味はお察しの通りミートソースのかかった焼きそばの味で（そのまんま）。特別美味しいという訳ではなく、学生時代に友達と寄り道して食べるのにちょうどいい味と値段という感じなのだ（空腹時ならとびきり美味しいと感じそうな）。

「みかづき」のある万代シテイ1階には同じく新潟のソウルフードとして知られる「バスセンターの黄色いカレー」もあるのだが、あれも特別に美味しいかと問われると「うーん」という感じ。正直思い出補正込みの味な気がする。

ただ、新潟に来るたび食べてしまう不思議な力があるのは確かだ（実は昨日食べた）。ソウルフードというのは本来そんな感じなのかもしれない。

さきほど乗車した特急「しらゆき」に再度乗車。こんなに嬉しくない特急は初めてだ

22〜23日目　2023.3/2〜3

## 痛恨のミスでエンドレス新潟

腹を満たし駅に戻ってきたので、ここからがようやく本日の旅のスタート。ふりだしから始めてゆく。

越後線、柏崎までの直通はないので普通列車を乗り継ぎ、乗り継ぎ海沿いを南下していく。縦に長い新潟県、電車での移動もかなり大変だ。しかも地名が都（京都）に近い方から上越、中越、下越となっているので私は今から南下して上越に向かうという状況になる。地図で見る上下と地名の上下が違っていてややこしい。

乗車して1時間ほどで終点吉田に到着。

吉田は越後線と弥彦線が乗り入れるターミナル駅。ただ、駅自体の印象は地味で「隕石の落下地に近い駅」というのが見どころなのだそう。特定の層には熱い支持を得られそうな駅だ。

そのまま柏崎行きの普通列車に乗り換えて先を急ぐ。

新潟ではすっかりおなじみになってしまったE129系の車両。車窓からはひたすらのどかな風景が広がる。

柏崎駅に到着する頃にはもう夕方の17時。柏崎は新潟県の中越地方、日本海に面したちょうど真ん中あたりに位置する人口約8万人の地方都市だ。

柏崎駅前にはブルボンの本社があり、そのため駅構内にもブルボンのお菓子の自販機が置いてあった。ラインナップには定番の「アルフォート」や「ルマンド」などが揃っているのに、ここではなぜか「エブリバーガー」が一番人気とされていた。これもソウルフード的な事なのだろうか？　柏崎市民は「エブリバーガー」を食べて育ったのだろうか？

柏崎からは信越本線に乗って宮内へ。さっき乗ってきた越後線とは違い、信越本線は山側を走るので3月になっても雪がかなり残っていた。日が落ちかけた雪景色もまた美しい。40分かけて宮内に到着。宮内は長岡の1つ手前なので新潟県を2日間かけてぐるぐる回っている事になる。

そして上越線で越後川口へ。

越後川口で飯山線の普通列車に乗り換えたのだがホームで待っていたのは「おいこっと」という文字とキャラクターのラッピングが施された車両だった。この車両、土日だと観光列車「おいこっと」として走っているのだが、平日だと普通列車として運用されていることもあるのだとか。

ちなみに、「おいこっと」というネーミングは日本人が思い描くふるさと（田舎）をコンセプトに、東京の真逆にあるという意味でTOKYOを反対にした言葉遊びになっているのだとか。

車内も〝おばあちゃんち〟をイメージしていて、座席の柄も、おばあちゃん家の座布団っぽくなっていた。

「いい川、いい空、いいやません」というキャッチフレーズがある飯山線。

日本一長い信濃川／千曲川（新潟県と長野県で呼び名が変わる）をはじめとした日本の原風景のような絶景を楽しめることで人気のある路線なのだが、何も見えない夜に乗車してしまい残念なことをしたなと思う。

22〜23日目　2023.3/2〜3

## 痛恨のミスでエンドレス新潟

飯山線の観光列車「おいこっと」。平日は定期列車として運行することも。車内は“おばあちゃんち”風

乗車すること2時間、県境を越え到着したのは長野県の戸狩野沢温泉。ホームで待っていた長野行きの列車に乗り換え、ようやく飯山駅に到着。夜で景色の見えない飯山線は長かった。

飯山駅から北陸新幹線「はくたか」で再び新潟県に入り、糸魚川《いといがわ》で今日は宿泊することに。

糸魚川に到着したのが21時27分。

朝、新潟を出発して、一度長野県に入ったはずなのだが結局まだ新潟から抜け出せていない。まるでエンドレス新潟だ。

ただ、朗報もある。

糸魚川は県の最西端に位置しており、日本列島を東西に分断するフォッサマグナの西側境界線上にある東西の境目の街なので、次のルートからはJR西日本の管轄になるのだ。

ようやく西日本に来た。そう思えば今日のひたすら新潟県内を右往左往した移動も価値のあるものに思えてくる。

がんばれ私。明日からはやっと西日本だ。

## 24日目　2023・3／4

# 海の絶景、山の絶景

東西境目の街、新潟県の糸魚川から旅の出発。今日は乗りたい列車がある関係で昼過ぎのスタートになる。

10時にホテルをチェックアウトしたので時間がかなり空いてしまった。なので散歩がてら海沿いを歩いて「ヒスイ海岸」へ。

糸魚川は日本の〝国石〟に選定されている美しい鉱物「翡翠《ひすい》」の産地としても有名で、ヒスイ海岸では時々打ち上げられた翡翠の原石が落ちているのだそう。しかも見つけたら拾って持って帰ることもできるのだとか。

旅の途中で宝石を見つけるなど、いよいよRPGの旅のようになってきたと心躍らせながら海岸の石を拾ってみたのだが、翡翠の特徴さえ知らない私にはどれが翡翠なのか到底見分けがつかなかった。その上雨まで降ってきた。

そうなると翡翠探しなど急にどうでもよくなってしまう。雨に濡れぬよう駅に走った。

そんなことをしていてもまだ時間がある。駅近くの定食屋さんでランチを食べることに。

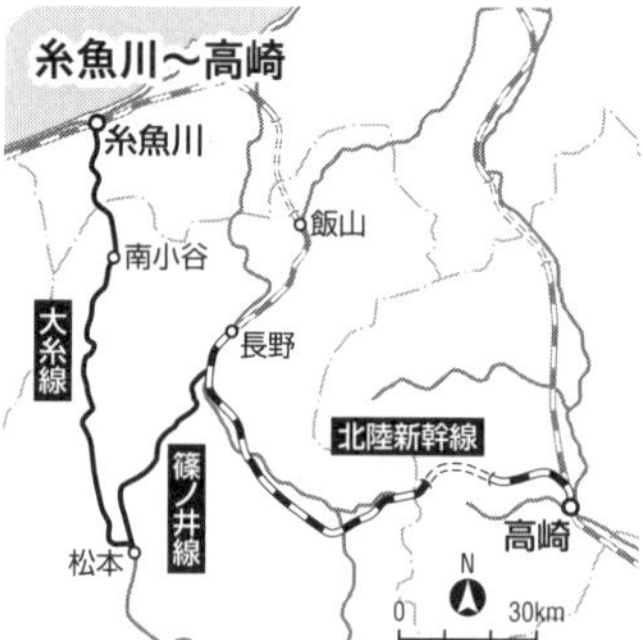

24日目　2023.3/4

## 海の絶景、山の絶景

糸魚川市では毎年12月から3月にかけて「糸魚川荒波あんこう祭り」なるものが開催されるらしく、その店の前にものぼりが立てられていた。せっかくならと「あんこう汁定食」をいただくことに。

アンコウは可食部分が多い魚として知られ、身だけでなく肝や皮エラなどほとんどの部分を食べることができる。実際ここのアンコウ汁にも肝や皮、そして卵巣までがどっさり入っていた。

身の部分はあっさりとした淡白なお味。

あん肝は濃厚で、スープにアンコウから出た出汁が染み出して美味しい。味噌ベースなのでご飯にも合う。全部を飲み干す勢いで完食した。

さて、糸魚川を満喫したところで今日も最長片道切符の旅を進めていく。

乗車していくのは大糸線。ここからはＪＲ西日本の管轄なのだ。

旅を始めて24日目にしてようやく我が故郷西日本に戻ってきた。とは言え新潟県内の駅の大半はＪＲ東日本の管轄なので新潟県で西日本というのはなんだかしっくりこないのだが。

13時23分、列車は定刻通り糸魚川駅を出発。

列車は川に並走して進んでいく、

このあたりに流れる川は「姫川」と言うらしい。実は糸魚川という河川は存在しないのだ。

そして勾配を駆け上がり西頸城《くびき》丘陵のすそ野を走ってゆく。ここら辺一体は豪雪地帯で、気づくと車窓一面雪景色に。3月でもすごい雪の量だ。大糸線は昨日通った飯山線同様海・山・

川の景色がすべて楽しめると言う絶景路線なのだが、今走っている大糸線の糸魚川から南小谷まで区間は年間赤字が6億円を超え単独での維持が難しいとされた赤字路線で、継続が危ぶまれているのだとか。

人の手が入っていない美しい自然を楽しめる絶景区間ほど過疎というのは世の常なのか……。


1時間ほど乗車し終点・南小谷に到着。「おたに」ではなく「おたり」と読む。

ここはJR東日本とJR西日本の境界駅。1時間ほどの付き合いだったが、ここでJR西日本の区間とはお別れ。

再びJR東日本の区間を進んでゆく。次にJR西日本に乗車できるのは一体いつになるのだろうか。


ここから松本へ向かうのだが、乗車してゆく列車は特急「あずさ」。そう、あのフォークデュオ「狩人」が歌っていた「あずさ」なのだ（2号ではなかったが……）。

特急「あずさ」は基本的には新宿〜松本間を結んでいる特急列車なのだが、1日1往復だけ大糸線の南小谷駅まで延長運転されている。こんな山奥の単線の駅から首都圏の特急列車を見られるとは。東北を長らく旅してきて、東京を一つのゴールに設定していた私にとってフルカラーLEDの行き先表示器が新宿となっているのは感慨深いものがあった。

今回は新宿まではいかないのだが、ある種東京への憧れのような想いを抱いて特急「あずさ

24日目　2023.3/4

## 海の絶景、山の絶景

46号」に乗り込んでいく。

大糸線は引き続き山間の川沿いを進んでゆく。

白馬では大きい荷物をもった外国人団体が降りて行った。3月もまだまだスキーシーズンのようだ。

信濃大町をすぎると車窓から北アルプスの山々が見えてきた。今までは山の中を走ってきた分、遠目でみる山の美しさに釘付けになる。

特急「あずさ」はわさびで有名な安曇野《あずみの》市の中心駅である穂高にも停車する。私は南小谷の売店で買った「チップスターL 安曇野本わさび味」をつまむ。

途中下車をする時間はなくとも、列車の中でその地域ならではのものを食べるのもまた乙なものだなと思った。しかし、どうやらこのわさび味のチップスターは全国販売しているらしい。

乗車してから1時間30分で松本に到着。松本といえば長野県第二の都市。松本も大糸線、篠ノ井線、アルピコ交通上高地線の3路線が乗り入れる主要駅だ。

篠ノ井線に乗り換えようと思って列車を待っていた矢

特急「あずさ」に乗車。ここから再びＪＲ東日本の管轄となる

先、ホームに「まつもとぉ〜まつもとぉ〜まつもとぉ〜」と独特な訛り？　癖？　の自動放送が響き渡る。思わず振り向いてしまった。

この語尾が伸びた自動放送の声の主は、沢田敏子さん。通称「上野おばさん」と呼ばれてる。国鉄末期に採用されたこの自動放送は、かつて上野駅や京葉線、山手線などでも聞くことができたらしい。

「日本三大車窓」の一つ姨捨。狩勝峠は撮り逃したので何としても撮影したかった

令和になった今では聴ける場所はかなり限られており、松本駅の名物になっているのだ。

17時06分の特急「しなの」に乗って篠ノ井線を北上し長野へ。松本から長野は特急で55分と思ったより長い。

そろそろ日も暮れてきたのだが、完全に日が沈みきる前に見たい景色があって、間に合うかとそわそわしていた。

その景色とは日本三大車窓の一つに数えられる「姨捨《おばすて》」からの景色。

同じく三大車窓、北海道の旧根室本線・狩勝峠からの景色はミスで見損ねてしまったため、今回はなんとしても見たいと思っていたのだ。

特急「しなの」は馬力を上げうねうねと山道を走っていく。

24日目　2023.3/4

## 海の絶景、山の絶景

列車は標高500mの山の中腹にある姨捨駅を通過。眼下には善光寺平や棚田が広がっている。視界は開けていて遮るものがない壮大なパノラマ。三大車窓の一つとなるのも納得の風景がそこにはあった。


18時02分長野駅に到着。

ホーム上に立ち食い蕎麦屋があったので今日はここで晩ご飯を食べることに。

見ると券売機のところに注意書きで「列車内持ち込み容器は終了しました」と書いてあった。

昔はプラスチックの使い捨て容器に蕎麦を入れて車内持ち込み可能だったようだ。

駅弁とはまた違った文化に「羨ましい」と憧れを抱いたのだが、今はどこも無くなってしまったのではないだろうか。

そう思えば昔は車内でタバコも吸えたらしいし、自由奔放な時代だったのだなぁと。


蕎麦を食べ終わってから北陸新幹線「あさま」に乗るために新幹線の改札口に移動する。駅員さんに最長片道切符を見せると切符と私の顔を交互に見比べて「女の子でこんな事をやっている人は初めて見た」と驚かれた。

珍しい切符なので驚かれることはしょっちゅうあったのだが、駅員室にいた駅員さんたちにも「これ見てみろよ」と声をかけてみんなで「わーわー」と盛り上がったのはここが初めてだった。

思い返せばこの旅では駅員さんや車掌さんとよく話す。

毎回切符の説明をしなければいけないので必然なのだが、切符を見せるたび「すごいですね」「この先も長いねー」「切符年季入ってきたね」などと声をかけてくれるのだ。

そんな会話をすることで、いつも事務的な仕事ぶりしか見ていなかった駅員さんや車掌さんも人間なんだなぁと当たり前ながらそう思ったり。


新幹線は18時48分に長野駅を出発。50分ほどで高崎に到着。

改札前には群馬の地元キャラ「ぐんまちゃん」がいてお出迎えしてくれた。

長いこと東北を彷徨ってきてようやく関東にやってきた（新潟は北陸に分類されるらしい）。

今日は高崎に宿泊するので最長片道切符の旅はここでおしまい。

長野駅ホームにある味わい深い店構えの立ち食い蕎麦「信州蕎麦処 しなの」で晩ご飯

25～26日目　2023・3／5～6

## 雪国を越えるとそこは餃子の街だった

昨日は一日編集作業をしていた。釧路の動画をＹｏｕＴｕｂｅに公開。郵便局でダウンジャケットを実家に送り、代わりに「高崎オーパ」でスウェットを購入した。もうすぐ春になる。

本日最初に乗るのは上越新幹線「たにがわ」。

乗車していくのは２０２３年３月18日のダイヤ改正で上越新幹線から運用終了となるＥ２系の車両。今日は３月６日だったのでギリギリ乗れた。

10時49分高崎を出発。上越新幹線でグッと北上して新潟県の越後湯沢を目指す。また新潟だ……。

上越新幹線の高崎より北の区間はトンネルがちで景色なんて見えないので遅めの朝ご飯でも食べてのんびり過ごすことに。高崎駅で買った飲むヨーグルトが濃厚で美味しかった。

乗車してから30分ほどで新潟県の越後湯沢に到着。

越後湯沢は周囲を山で囲まれた豪雪地帯で川端康成の小説『雪国』の舞台としても知られて

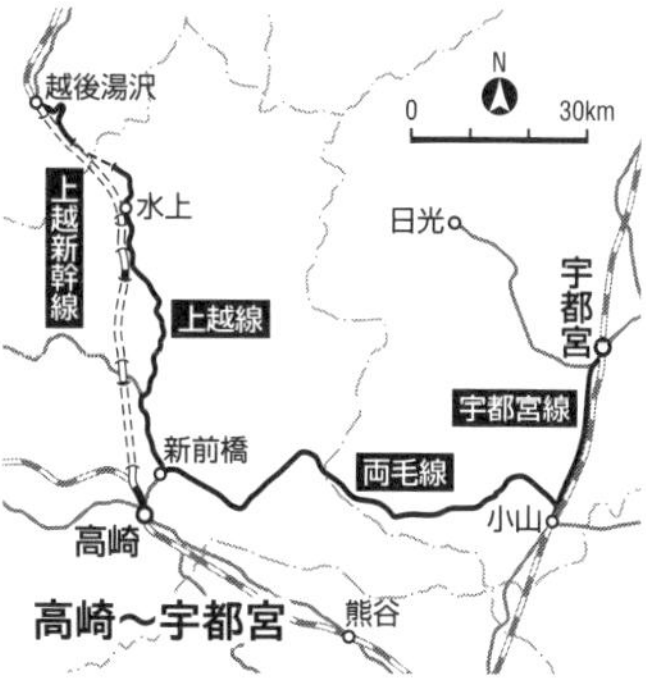

高崎～宇都宮

いる。

この地域には温泉も多く、特に冬はスキーとセットで訪れる人気の観光地となっている。

とはいえスキーもしないし温泉にゆったり浸かる時間もないなと何をするつもりでもなかったのだが、駅の柱に貼ってあったポスターで駅ナカに温泉があることを知った。


これなら次の列車が来るまでの短い待ち時間でも温泉に入れるはずだ。

「ＣｏＣｏＬｏ湯沢」という駅ナカ施設で入浴料８００円を払い入る。温泉は酒どころ新潟らしい日本酒入りの湯だった。

次の列車の時間があるのでせわしない入浴だったが、ホテル暮らしで浴槽にも浸っていなかったので、足を伸ばして入れる温泉は最高だった。


次は上越線の普通列車水上《みなかみ》行きに乗り込む。この旅では新潟県に何度も何度も立ち寄ったのだが、一旦これで終了。

新潟県内で嫌というほど乗ったE１２９系の車両も今回で最後になりそうだ。列車は雪原を駆けていく。

途中でトンネルに入るのだが、路線図を見てみるとトンネル内で線路がくるっとループしていることに気づく。実際に乗っていると「ループしている」という実感はないのだが、前面展望を注視すると確かに線路は弧を描いている。

25〜26日目　2023.3/5〜6

## 雪国を越えるとそこは餃子の街だった

湯沢中里スノーリゾートにある無料休憩所「ブルートレイン・中里」。実際使われていた車両をそのまま活用している

この区間は谷川岳をはじめとする険しい越後山脈の山越え区間で、急勾配を避けるためにあえて距離を長くとるループ線にすることで標高差を緩和させているのだそう。こういう発見があると鉄道旅はより楽しくなる。

列車はトンネルを抜け、新潟県側最後の駅である土樽を出発すると、再び長いトンネル区間に入っていく。この清水トンネルは『雪国』の冒頭「国境の長いトンネルを抜けると雪国であった」のあの長いトンネルなのだ。

私は今小説の冒頭とは逆方向の群馬県に向かって走っている訳だし、時期も違うので同じシチュエーションではないのだが。

「国境の長いトンネルを抜け出た先の群馬も相変わらず雪国だった」というのが私の乗っていた感想だ。

乗車してから40分で水上に到着。ここまでくると流石に雪景色ではなくなってきた。

水上から新前橋行きの列車に乗り換える。列車は約50分かけて新前橋駅に到着。

次は両毛線に乗って栃木県の小山を目指す。

小山は新幹線も通っている駅で、ホームの数は栃木県内で最も多いのだとか。

両毛線から水戸線への乗り換えも遠く、歩いて8分もかかってしまった。最長片道切符の旅はここから本当に訳のわからないルートを進んでゆく。順調に南下してきたのにまた北へ、なんと東北の福島県まで戻るというのだ。

思わず頭を抱えそうになる。ただ、先に進むしかない。

次に乗車するのは上野東京ライン。聴き慣れた名前だが、今回はその地名とは逆方向に進んでゆく。電車に揺られること30分ほどで宇都宮に到着。

時刻は17時すぎ、ルート的には乗り換えてさらに北上する必要があるのだが、宇都宮駅前に佇む餃子の像に目を奪われ、餃子が食べたい欲に苛まれてしまったので今日は宇都宮に泊まることにする。

ホテルに荷物を置いて餃子屋巡り旅に出ることに。

やって来たのは駅から10分ほど歩いたところにある宮島町通り（通称・餃子通り）。

以前は老舗餃子屋が点在しているだけのなんの変哲もない道だったのだが、2018（平成30）年に餃子通りと命名されて以来、横断幕や餃子の絵が描かれたマンホールなどで賑やかになっている。

ただ、実際に行ってみると思ったより活気がない……。

宇都宮に来たのならやはり餃子は欠かせない。食べるより並ぶ時間の方が長かったが致し方ない

25〜26日目　2023.3/5〜6

## 雪国を越えるとそこは餃子の街だった

人気店は入り口に売り切れという札をかけていて、電気も消えひっそりとしていた。餃子の街の夜は早いのかもしれない。

そんな中でも宮島町通りの中ほどにある「悟空」は営業中だったのでここで食べることに。ただ、他が閉まっていることもありめちゃめちゃ並んでいた。

待機列にはダクトから餃子の香りが漂ってくる。待つこと30分ほどでようやく入店。カウンター席に通されるとベテランのおばちゃんが焼いているのが見えた。

しばらく待つと待望の餃子がやってきた。「特製肉餃子」と「シソ餃子」。肉餃子はカリッと焼かれていて噛むと弾ける肉汁がすごい。シソ餃子は鼻に抜けるシソの香りが上品。シンプルだけど素材の旨味がダイレクトに伝わってくる。

2人前の餃子をあっという間に完食。

食べている時間より並んだ時間の方が長かったけれど、並ぶ甲斐がある餃子だった。

さて、せっかく宇都宮に来たのだからもう一軒くらいはしごすることに。

次にやってきたのは駅近くの「香蘭」。こちらは宇都宮餃子の発祥として知られているまさにレジェンド店。ここでも焼餃子を注文。もちろん美味しくないわけがない。

有名店の餃子を食べ比べてみて、明確にどこが違うとかはわからないが両方が、自分の中の美味しい餃子の基準を軽々超えてきた。それは宇都宮で食べるからという要因も大きい気がするが。

27日目　2023・3／7

# 同志との出会い

朝、ベッドから起き上がると虚ろな目で今日進むルートを確認するのが日課となっていた。

今日はついに東京まで行く予定である。とはいえ簡単な行程ではない。

6時57分発の東北本線普通列車に乗って北上し、県境を越えて再び東北・福島県へ。もう使わないと思ってた東北バージョンの路線図を引っ張り出す羽目に。

この東北本線の区間は東北新幹線と並行する区間で、途中の新白河までは最長片道切符のルール的にどちらに乗ってもいいのだが、新幹線で行ったとしても結局その先の接続で待ち時間が発生するので普通列車でのんびり行くことにしたのだ。

というわけで約50分で黒磯に到着。黒磯から新白河の山越えの区間は常磐線でおなじみE531系の車両が走っている。

黒磯以南は直流電化、以北は交流電化と電気方式が切り替わっているためだ。

数年前まで黒磯駅の構内に電化方式の交換設備があったのでどの列車も乗り入れることが可

能だったが、手作業で交直流の交換を行っていたためにヒューマンエラーが多発、その後デッドセクションを黒磯駅の北側に移設したため駅構内は全て直流化されたのだそう。しかしそうなると交流で走っていたE721系などの車両の乗り入れが不可能になったので、直流にも交流にも対応できるE531系がデッドセクションをまたぐ列車として投入されたといういきさつがある。

7時57分黒磯を出発。列車は福島県に入っていく。

黒磯から約25分で新白河に到着。

新白河は新幹線も通る大きな駅なのだが、在来線には自動改札機はなく有人改札のみ。「青春18きっぷ」で旅している人も並んでいて、もうそんな時期なのかと思った。

ここで30分ほど待って再び在来線に乗り換える。

次に乗る列車は8時42分福島行き。ちょうど1週間前に滞在していた郡山の隣駅・安積《あさか》永盛《ながもり》まで向かうのだ。

約30分で安積永盛に到着。この駅で水郡線に乗り換えるのだが、驚きのできごとが。

なんと私と同じく最長片道切符を持った人と出会った。

朝からずっと同じ列車に乗っていたのでなんとなく気にはなっていたのだが、駅員さんに切符を見せる瞬間を目撃し疑惑が確信へと変わった。

「あの～もしかして、それって最長片道切符ですか?」

旅の途中で自分から話しかけることなんてほとんどしないのだが、あまりの驚きに思わず話しかけてしまった。

「そ、そうですけど……」

困惑した表情で青年が答える。もしかしたら警戒されているのかもしれない……。

それはおそらく私が金髪だからだ！（決めつけ）

金髪で最長片道切符を知っている人なんていない！（偏見）

安心させようと「私も持ってます」と切符を見せた瞬間、彼は驚いたような嬉しそうな顔に変わっていった。

2人の間にあった緊張がスッと解けた気がした。

聞くと彼は学生で春休みを利用して最長片道切符の旅をしているのだそう。なんと9日でここまでやって来たのだという。私が27日かけて来た道を……。これが若さか(私の怠惰ゆえか)。

彼と話しているとホームに列車がやってきた。

次に乗るのは水郡線の普通列車で終点水戸駅までは3時間17分かかる。水郡線は長い。快速も特急もないので普通列車でのろのろ行くしかないのだ。

同じ行程をゆく彼と積もる話でも……という気持ちはあったのだが、初対面で3時間以上となりの座席に座るのは普通に疲れるなと思い、列車に乗り込んだ際しれっと1人掛けの座席に座った。私にはこういうところがある。

あと、この先もどうせ同じ行程だからいくらでも話せるだろうと思ったのだ。

列車は進み、あまり代わり映えのない車窓が続く。寝たり起きたりを繰り返しながら3時間

27日目　2023.3/7

## 同志との出会い

を過ごした。

そうしてようやく水戸に到着。

有人改札で並ぶ最長片道キッパーの彼を見つけ「お昼時だから水戸駅の近くで納豆定食でも一緒に食べないか」と誘ったのだが、30分後の列車に乗らなければならないらしく彼とはここでお別れとなった。

どうしても列車に時間に縛られてしまう旅だ。タイミングを合わせるのは難しい。彼は途中で旅を一時中断して3月後半か4月頭にゴールの新大村に着く予定だと言う。

切符の有効期限的に私もそれくらいでゴールするのを目指しているので「またね」と言い別れた。

一人になってしまったが私は目星をつけていた納豆定食を食べにいく。駅から3分ほど歩いたところにある居酒屋「てんまさ」。ここでは水戸納豆を満喫できる納豆定食を食べられるのだ。

納豆が食事のメインになる事はそんなにないかと思うのだが、品数が揃うと立派なもので、納豆オムレツにマグロ納豆、納豆と大葉のはさみ揚げ、シラス納豆、そして納豆入りお味噌汁ともう納豆のオールスター感謝祭。

旅の途中、どうしても栄養が偏りがちになるのだが、この定食は納豆なので健康にもいいはず。納豆特有の匂いもまろやかでさすが水戸納豆だと思った。

駅に戻っていく途中、道に梅の花が飾られていた。水戸には日本三名園にも数えられる偕楽園があり、毎年春になると「水戸の梅まつり」が開催されるのだそう。この日もちょうど梅まつりの最中だったが寄らずとも駅前の梅の花で春を感じられた。

ここからは常磐線特急「ときわ」に乗って千葉県の柏へ向かう。「ときわ」は同じE657系車両を使用している特急「ひたち」に比べると停車駅の多い特急列車。同じ車両だからといって「ひたち」に乗ってしまうと水戸から一気に上野に行ってしまうので注意が必要だ。

列車は13時53分に水戸を出発。途中、利根川を渡り千葉県に入っていく。寝ていたら柏に到着していた。今日は朝早かったから終始眠いのだ。

さて、ここからは東京近郊ということで乗り換えが多く、人も多くせわしなくなる。カメラもろくに回せなかった。

柏から引き続き常磐線だが、今度は普通列車に乗り換える。

乗車して8分で新松戸に到着。次は武蔵野線に乗り換え約30分で南浦和へ。南浦和からは京浜東北線に乗り換えて12分で赤羽に到着。せ、せわしない……。

都心は列車の本数が多いので待ち時間などほとんどないのだ。

次は埼京線で池袋まで。次は山手線に乗車。外回りに乗ること9分。到着したのは田端。田端は山手線の中でもマイナーな駅だ。

大学卒業後、上京し4年間東京に住んでいた私だが、おそらく一度も降りたことがない。田端から京浜東北線に乗り換え12分で秋葉原。

続いて総武線に乗り換え6分で錦糸町へやってきた。ホームからはスカイツリーが見える。

27日目　2023.3/7

## 同志との出会い

ここまでは行程通り早足でやって来たので、東京にきたという感動も薄かったのだが、スカイツリーをみるとやっと東京に来たという実感が湧いてきた。東京タワーよりも情緒がないと揶揄されがちなスカイツリーだが、夕日に照らされたスカイツリーは長旅をしてきた私には十分すぎるほど美しく感動的であった。

錦糸町からは総武線快速に乗り千葉を目指す。

東京で泊まってもよかったのだが、コロナ禍がすっかり落ちつき東京周辺のホテル料金が高騰していて予算オーバーだった。

寝るだけなのに1泊2万円のビジネスホテルは高すぎる。それならと県をまたいだ千葉に宿を取ったのだ。

車窓から見える景色はやはり都会的で、夜でも生活の光が眩しいくらいだった。

18時08分、千葉に到着。今日はここで旅を終える。

東北を彷徨っていた時からひとつのゴールとして設定していた東京。それを超えて千葉までやってきた。距離にすると4607㎞。

行程としてはまだ半分にも満たないが、ここまで確実に進んできたのだ。

ここまでよく折れずに頑張れたものだ。

切符の期限も心配になってきたが、中間地点で少し休んでまた旅を続けよう。

28～30日目　2023・3／8～10

# 山越え海越え、房総を一周

一度ブリーチをしてしまった髪はマメなメンテナンスが必要だ。わずか1カ月で根元の黒髪が目立ってくる。

昨日美容院へ行こうと思ったのだが予約が取れず、30日目の今日、旅の前に美容院へ行くことに。

髪をミルクティー色に染め直して前髪も切って綺麗になった。気持ちは心機一転明るくなったが、旅の出発が遅くなってしまった。

というわけで今日は昼過ぎから最長片道切符の旅を始めていく。

本日は千葉県をグルッと一周するというルート。最初に乗る列車は総武本線の普通列車。

12時42分に千葉を出発。

3日間滞在していて思ったのだが、千葉駅の周辺はかなり都会だ。頭上には千葉都市モノレールも走っている。地下鉄とモノレールがある街は都会だと思う（私調べ）。

ただ、10分も走ると車窓はのどかな田園風景に変わってきた。変化がすごい。乗車してから

## 山越え海越え、房総を一周

18分で佐倉に到着。

　佐倉から成田線快速に乗っていく。成田空港行きの列車はE235系。成田空港に行く時に使う列車の認識だが、もちろん今回は空港には行かない。途中駅の成田で下車。

　成田は初めて来たのだが結構立派な駅だった。次も同じく成田線の列車に乗り換えて松岸を目指す。

　車窓も引き続きのどかだ。ビニールハウスが見えて落花生でも栽培しているのかなぁと思ってみたり。

　列車に揺られること1時間ほどで松岸に到着。そのまま乗り続けたらあの社長がやけに有名な銚子電鉄のある街、銚子まで行くことできるのだが今回は時間がないのでパス。

　松岸で15分ぐらい待ち時間があったのだが、駅の待合室は高校生で溢れかえっていて、ひとりぼっちのお姉さんは浮いている気がしていそいそと外へ避難した。高校生はまだ春休みではないらしい。

　次に乗る列車はまたしても総武本線。209系の車両に乗車すること47分で成東に到着。

　成東は開業125周年のかなり歴史のある駅らしい。駅に記念ポスターが飾られていた。

　戦前からあるのかと思いながら次の列車のまでの時間、駅の周りをぶらぶらしていると駅前に慰霊碑を見つけた。

慰霊碑に書かれていた言葉を読んでみると、この駅にはとても悲しい歴史があった。

1945（昭和20）年8月13日、終戦の2日前のことだ。

その日は早朝から九十九里方面からやってきた米軍機による執拗な空襲があったのだそう。そんな中、成東駅下りホームに停車中の弾薬が積まれた軍用貨物列車に数発が命中し火の手があがった。

「このままでは大爆発が起こってしまう」と成東駅の職員ら15人と駆けつけた将兵27人が機銃掃射も止まぬ中、懸命に消火作業にあたったのだが、爆発を防ぐことはできず、42人の駅職員・将兵が殉職・戦死をとげたという。この駅にそんな歴史があるなんて知らなかった。ネット検索のサジェストにも出てこなかった。

広島、長崎、沖縄などに行く際には戦争の歴史を知ろうと心構えをして訪れるが、きっと知らないだけで日本中に戦争の悲しい過去はあるのだろう。

改めて〝平和とは何か〟を考えさせられた。普段の旅なら素通りだろうこの駅で降りることができて良かった。


次は成東から東金線に乗って終点の大網まで向かう。東金線は成東と大網を結ぶ13・8㎞の短いローカル線。駅の数もたった5駅しかない。

出発して間もなく作田川を通過する。

旧大網駅跡地は現在公園になっており腕木式信号機が設置されていた

列車は東金市の中心、東金を通り過ぎ、田園風景が続く中21分で終点の大網に到着。そう、東金線はわずか21分で走破できてしまうのだ。

到着した大網駅は、東金線と外房線のホームがV字型に分岐しており距離が結構離れている。これは駅が開業した当初、千葉方面と安房鴨川方面へ直通する構造でスイッチバックが必要だった名残でもある。

今は駅が移転してスイッチバックが解消されたのだが、駅の形状から鉄道の歴史を読み解くことができるというわけだ。

大網で外房線の特急「わかしお」に乗車する。

今までは千葉県の上の方を回ってきたが、ここからやっと房総半島を一周する旅が始まる。ただ、時刻は17時46分。

外房線と次に乗る内房線ともに海が見える路線なのだが、海沿いを通る頃にはきっと日が落ちてしまい車窓からは何も見えないだろう。もったいない。

特急列車の車内でぼーっと過ごしながら「そういえば千葉っぽいものを何も食べていないな」と思い出し落花生の袋を開ける。

実は佐倉の売店で殻付き落花生を買っていたのだが、普通列車で殻を割って食べるのは少しマナー違反のような気がして食べていなかったのだ。

　これがチョコレートならきっと気にせずに食べていただろう。落花生は恥ずかしかった。この差は一体なんなのだろうか。ちなみに「551蓬莱」の豚まんを車内で食べるのは重大なマナー違反だと考えている。

　列車は40分ほどで勝浦に到着。もうすっかり夜になってしまった。

1日千葉にいるにもかかわらず“千葉名物”は食べられなかったのでせめてもと落花生を食べる

　ここから普通列車に乗り換え、外房線と内房線の接続駅である安房鴨川を目指す。列車は途中で行川《なめがわ》アイランドに停車。路線図で見つけた時から気になっていた「行川アイランド」。かつてこの場所に「行川アイランド」という遊園地があり、2001（平成13）年に閉園した後も駅名がそのままになっているというのだ。

　ここに残されているのは巨大な廃墟にも関わらず〝楽園〟の名がつく奇妙な無人駅。

　〝アイランド〟の響きに誘われて降りてみたい気分になったのだが、ホームは真っ暗で次の列車がくるのも30分後、しかもこの辺りには野生のキョンがよく出るらしい。はたして夜にこの駅で降りる人はいるのだろうか。

　そのまま列車に揺られること30分で終点安房鴨川に到着。

28〜30日目　2023.3/ 8〜10

## 山越え海越え、房総を一周

ここは「鴨川シーワールド」の最寄り駅らしい。シャチの写真が載ったポスターが駅に貼られていた。

次は内房線に乗り換える。

外房線は特急「わかしお」で一気に進めたが、残りの内房線は普通列車を乗り継いでいくので長い長い道のりになる。

19時10分に安房鴨川を出発した列車は、暗闇の中を順調に進んでいるかのように思われた。夜は撮れ高もないのでぼーっと座っていたら「ドンッ」という衝撃音とともに列車は急停車。何事かと驚いているとなんとイノシシと衝突したため運転を見合わせなければならなくなったという。「千葉でも動物と激突なんてあるんだなぁ」と、こういうトラブルが起こると旅の最序盤、北海道の大地を思い出す。

人は一度経験したことには慣れてしまうものなのだろう「よくあることよね」と平静を保てた。

結局10分ほど待って運転は再開。少し遅れたが2時間ほどで君津に到着。君津は「マザー牧場」の最寄り駅らしい。

こうして千葉を鉄道で一周していると、鴨川シーパラダイス、マザー牧場、行川アイランド（は廃墟だが）など見どころがたくさんあるんだなと再確認できた。東京ディズニーランドが有名すぎるがゆえ他の影が薄くなってしまっているのか。

君津で再び内房線の普通列車に乗り換える。40分ほどの乗車で内房線の終点蘇我に到着。

次は21時45分発の京葉線普通列車に乗り換える。

京葉線沿線といえばやはり東京ディズニーランド。舞浜がディズニーリゾートラインの乗り換え駅になっていて、そこからパークやシーへ散っていくのだ。

この旅では全く無縁のディズニー。舞浜に停車するとディズニー帰りの人たちが一気に乗り込んできた。

帰りの電車までは夢の国効果は続くようで、車内で耳を付けている人が目立つ。単純な疑問なのだが、どこから魔法は解けて耳を外し出すのだろうか。

そしてついに東京に到着。今日は千葉県一周ということでシンプルな道のりかと思いきや接続のタイミングなどもあり予想以上に時間が掛かってしまった。まぁ京葉線のホームから改札口へ行くまでもまた長いのだが。

というわけで東京に着いたので本日の最長片道切符の旅を終えることにする。

時刻は23時をまわっていたが、夜の東京は眩しいくらいにキラキラしていた。

東京駅で京葉線の長い長い通路を通り改札の外へ。
夜景を見ると疲れが吹っ飛んだ気がした

31日目　2023・3／11

# 眼帯を付けながらそれでも前に進む

昨日は夜の東京駅に着いたところで旅を終えたのだが、その後赤坂まで移動してカプセルホテルに泊まった。都内の宿泊費が高すぎるので少しでも節約したかったのだ。

ただ、この選択が失敗だったのかもしれない。

カプセルホテルというのはいってしまえば大部屋で、ベッドごとに仕切りはあるものの、同じ空間に沢山の人が寝泊まりをする。変に神経質な所がある私は微かな物音や人の気配が気になりなかなか寝付けなかった。

「ほとんど寝られなかった」と朝起きて洗面所で鏡を見てみると、なんと目が真っ赤に腫れあがっていたのだ。

「うわぁ、めばちこになっちゃった……」。〝めばちこ〟とは大阪の方言で標準語だとものもらいのことだ。

寝不足と疲労の蓄積と、あと花粉症と……。思い当たる要因が多すぎる。旅の道中、精神的にキツい場面はあったが、ついに身体にもガタがきだした。

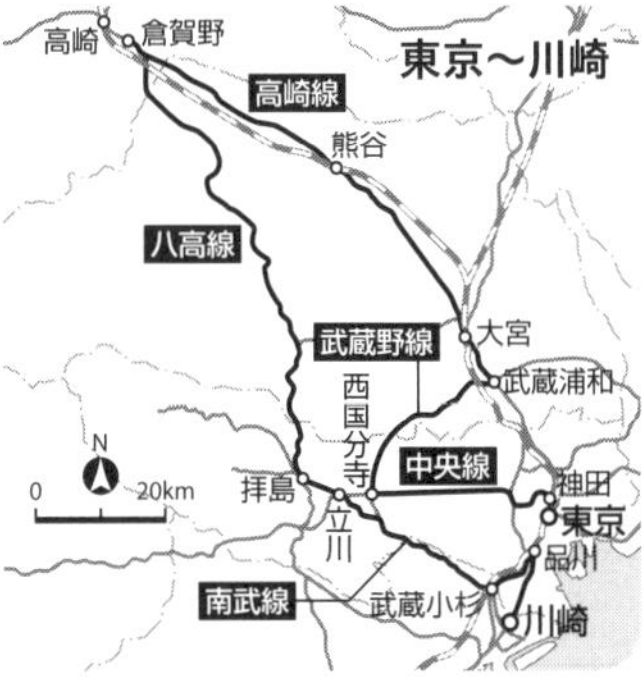

自身の痛々しい姿にテンションもだだ下がり。

今日は旅を中断しようと思ったのだが、カプセルホテルを10時にチェックアウトした後、別のホテルに泊まるにしてもチェックインの時間まで5時間ほど空いてしまう。悩んだ結果、ならば最長片道切符で進めるだけ進もうと思った。

幸い今日は東京近郊をぐるぐるするという行程だ。そんなに遠くへ行かずに5時間くらいでサクッと切り上げようと腫れた目に眼帯をつけ東京駅の雑踏に飛び込んだ。

最初に乗る列車は京浜東北線。乗車してから2分で隣駅の神田駅に到着。

続いては中央線快速高尾行きに乗っていく。列車は中央線の主要駅である新宿、中野、荻窪、吉祥寺を通りすぎていく。

東京の街の一つひとつにはある種のブランド力があって、人口、規模ともに地方都市くらい栄えている。それこそお昼の番組で〝30分街ぶら特集〟が組めるような、そんな街がいくつも存在しているのだ。それだから楽しい。どこも電車で通り過ぎるだけでは勿体ないほどの色があってそんな東京が私は好きだったりする。

乗車してから45分で西国分寺に到着。東京を出発してからまだ1時間ほどしかたっていないのだが、眼帯で片目しか使えないというのはかなり不自由で、少し疲れてしまった。

駅ナカにあったドーナツ屋さんでドーナツを買って少し休憩。

今日くらい自分を甘やかしてもいいはずだ。

のんびりドーナツを食べていたら電車を3本逃したのだが、次に乗る武蔵野線は10分に1本

31日目　2023.3/11

## 眼帯を付けながらそれでも前に進む

疲れや花粉で目が腫れてしまった。片目しか使えないのは不便でフラストレーションがたまった

ぐらいの間隔で電車が来るので逃しても全然問題ない。電車の本数に都会のありがたみを感じた。

　次は武蔵野線で武蔵浦和へ。

　てっきり東京近郊を移動していると思ったらいつのまにか県境を越え埼玉にまでやってきていた。「そうか武蔵浦和は埼玉」か。まあ埼玉も東京近郊には違いない。

　武蔵浦和から埼京線快速の川越行きに乗車。12分で大宮に到着。

　埼玉県最大のターミナルである大宮。大宮には数多くの在来線や新幹線が通っており東京までも在来線で30分ほどで来られてしまう。通勤圏内だ。

　駅ナカのお店も充実していて私は大好物「メルヘン」のサンドイッチと「サザコーヒー」を購入。

　そのころには時刻は14時30分を過ぎており、そろそろ宿にチェックインできる時間になっていたのだが、埼玉に来てしまった故、東京に戻るべくまだ移動を続けなければならない。このまま進んでいけば東京へ戻れる算段だったのだ

　次は14時51分の高崎線の快速列車で倉賀野に向かう。

　昼過ぎで乗客もそんなに居なかったのでボックスシートでサンドイッチを食べる。あまり動画を取れなかった日だなと思いながら過ごしているとなんだか車窓の様子がおかしい。

民家の1軒もない黄土色の野原を通っていたのだ。これが東京近郊……？　とても信じられない光景だった。

スマホでマップを見てみると現在地はなんと群馬を指し示す。

「ぐ、群馬？？？」

出発前に軽くルートを見てきたのだが、片目でぼんやり見ていたので倉賀野がどこにあるのかをちゃんと理解していなかった。倉賀野は群馬県にあった。しかもこの前泊まった高崎の隣駅だ。

東京近郊を巡るつもりがまさか群馬まで連れて来られるとは。えらく遠くまで来てしまったものだと考えると急に腰まで痛くなってきた。満身創痍だ。

ただ来てしまったものは仕方がない。ここから群馬の高崎と東京の八王子を結ぶ八高線に乗って再び東京方面に向かう。そう、すべての道は東京に通ずるのだ。

ただひとつ問題があった。

次に乗る八高線はのどかなローカル線なので2時間に1本ぐらいしか列車が来ない。そして現在の時刻は15時57分。15時55分発の八高線の列車が2分前に出たところだった。

鉄道旅の予定を立てる時は運転本数の最も少ない路線の列車時刻に標準を合わせ、行程を組んで行くのが基本となる。もちろんこの旅でもそうしていた。ただ、東京近郊は本数が多いからなんとかなると下調べを怠っていたのだ。

行程を組んでいなかった私の自己責任だが、それにしても接続とかはまったく考えられてい

31日目　2023.3/11

## 眼帯を付けながらそれでも前に進む

「東京へ向かう列車」とは思えない風貌の列車で八王子へ

ないのか。

列車はたった今出てしまったのであと2時間この駅で待たなければならない。いつでも乗れると思っていたので途中に寄り道、休憩をはさみすぎていた。

駅前をちらっと覗いてみたが時間をつぶせるようなカフェやファミレスなんかはない。

ここで2時間、暇をつぶすなんてあまりにも難易度が高すぎる。いっそ隣駅の高崎まで行くのが良さそうだが、満身創痍の身体を抱え動くのも憚られる。

駅のベンチでどうしようとへこたれていると「15時55分発の八高線の列車が14分遅れています」というアナウンスが流れてきた。一瞬理解が追いつかなかったが、繰り返されるその声に思わず立ち上がった。

まるで私を救うかのようなタイミング。これほどまでに列車の延着を喜んだことは無い。この旅で初めて神様に感謝した。

そしてやって来た列車を見て驚いた。東京に向かうとは思えないボロい車両。八高線の倉賀野~高麗川《こまがわ》が非電化区間なのでここからは年季の入ったキハ１１０系のディーゼルカーに乗っていく。

列車は1時間20分ほどで埼玉の高麗川に到着。

高麗川から八王子へは電化されているので電車に乗り換える。

東京でもおなじみ２０９系に乗り換え東京の拝島へ。今日はサクッと移動して終わるつもりだったのだが、いつのまにか日が暮れてきている。

18時01分、東京の拝島に到着。東京は東京でもだいぶ西の方だ。ここから青梅線に乗り換えて西東京の中でも栄えている立川に向かっていく。

時間的に帰宅ラッシュに当たってしまい駅には人がごった返していた。混雑の中カメラもろくに回せず12分で立川に到着。

立川は昔バイトでよく来ていた場所で、その時も思っていたのだが、かなり栄えている街だ。例えるならば仙台駅前に少し似ているのかもしれない。

武蔵小杉の長い長い「動くスロープ」。南武線から横須賀線への乗り換えが遠すぎる

立川から南武線に乗って45分で神奈川の武蔵小杉に到着。ここから長ーいスロープを通って横須賀線に乗り換える。武蔵小杉、乗り換えホームが遠すぎる。

列車は武蔵小杉を出発してわずか10分で品川駅に到着。東海道本線に乗り換えて神奈川の川崎へ。9分で川崎に到着。

東京から川崎まで、普通なら20分ほどで行ける距離を今日はなぜか途中群馬を経由して戻ってくるという遠回りをした。

満身創痍にもかかわらず今日も結局8時間ぐらい移動してしまった。ただ、眼帯を外すともう目の腫れは引いていて、東京にはあまりない自然の景色を見たからなのかもしれない。

結果としてはよかったと思うことにしよう。

32〜33日目　2023・3／12〜13

## 土地勘があると増す「何してんだよ」感

32日目はほとんど寝て過ごす。昼に火鍋を食べに行った。

1日休憩を挟み33日目、川崎から最長片道切符の旅の再開。

そして今日はマスク外しが解禁される日だった。

新型コロナウイルス感染症流行により、3年間ほとんど強制のように着け続けていたマスク、政府が今日から屋内屋外問わず着用は「個人の判断」に委ねると発表したのだ。

この決定がどれほど日常生活に変化を与えるのか、人通りの多い川崎のペデストリアンデッキで少し人間観察をしてみたのだが、まだ皆マスクをしていた。

3月中旬で花粉症の辛い時期でもあるし、マスク生活にあまりにも慣れてしまったからというのもあるのだろうか。

かくいう私もマスクはつけたままだ。集団心理的にもう少し着けなくてもいい風潮が広がれば私も外すと思う。しばらくは様子見という感じなのかもしれない。

さて、本日最初に乗る列車は南武線の普通列車。乗車して2分でおとなりの尻手《しって》駅に到着。

ここから同じく南武線にはなるのだが京浜工業地帯の方へと延びる南武支線に乗り換える。南武支線の停車駅は5駅しかなく、終点の浜川崎までも7分で到着した。ホームからの景色も工業地帯っぽい。

浜川崎から鶴見線に乗り換えていくのだが、ここでの乗り換えは少し特殊で、一旦改札を出て1本道を挟んだ向こう側へ渡らなければならない。

JR線同士だと普通改札内で乗り換えができるのだが、鶴見線は昔、鶴見臨港鉄道という私鉄で、のちに国鉄、JR鶴見線になったという経緯がありその名残で特殊な乗り換え方法になっているのだ。

ホームで待っていると鶴見線の列車が入線してきた。

これから乗っていく鶴見線は全長9・7㎞と短い路線ながら、鶴見と扇町を結ぶ本線と、途中から分岐して大川、海芝浦へ向かう2つの支線からなる珍しい路線だ。海の上にあり、改札の外に出ることができない海芝浦には以前訪れたのだが、盲腸線なので今回のルートには入っていない。景色がいいから好きな駅なのだが。

寄り道せずに本線を進むこと13分で鶴見に到着。鶴見から京浜東北線に乗り換える。乗車してから40分で大船

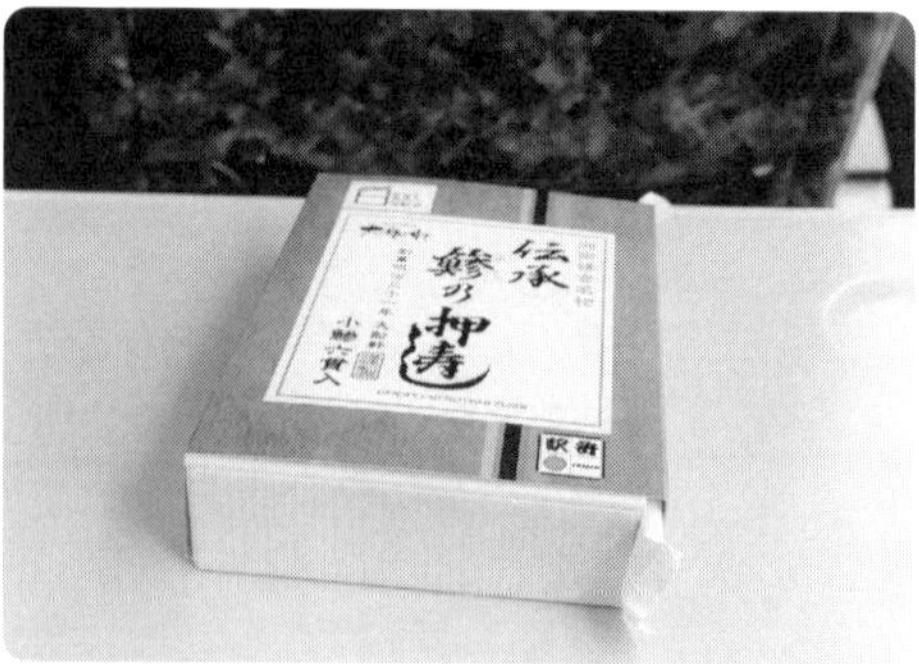

湘南鎌倉 大船軒の「伝承 鯵の押寿し」を車内で食べる。
普通列車グリーン車なのでゆっくり食べられた

## 土地勘があると増す「何してんだよ」感

に到着。

ちょうど昼時なので途中下車して何か食べようと思ったのだが、外は雨が降っていた。この旅でほとんど登場しなかった傘はリュックの奥底にしまわれている。外に行くのが面倒になったので駅弁を買って済ませることに。

改札横の売店で湘南名物らしい「伝承 鯵《あじ》の押寿し」という駅弁をゲット。駅弁は車内で食べることにして時間を節約しつつルートを進めていく。

さて次に乗る列車は湘南新宿ラインの特別快速E２３１系の車両。この列車にはグリーン車があって駅弁を食べるのに適している。

席についてさっそく鯵の押寿しを食べる。結構お酢が効いていて美味しい。調べてみると特急「踊り子」の車内販売でも売られていた駅弁のようで、快速列車に乗って食べるだけでも少し旅情を感じられた。

ただ後ろの座席の人が重度の花粉症か風邪かずっと鼻水を啜っていたのが気になった。

快速はあっという間に東海道本線と御殿場線の接続駅、国府津《こうづ》に到着。

ここから箱根山を迂回する形で御殿場線が延びているのだが、この御殿場線はかつて静岡方面まで向かう東海道本線のルートだったのだそう。今の海側を走る東海道本線のルートが開通したのは１９３４（昭和９）年のこと、今でこそ何もないと言われている国府津はかつてはターミナル駅として栄え鉄道の街と言われていたのだ。

そんなターミナル駅だった名残として駅前には「東華軒」という駅弁屋さんがある。ここはなんと東海道本線で初めて駅弁を販売したお店なのだそう。
そんな話を聞いてしまったら気になってしまうもので。さっき駅弁を食べたばかりだというのにまた買ってしまった。おばちゃんも「どこかにお出かけ？」と声をかけてくれてすごく優しかった。

次は13時50分発の御殿場線に乗っていく。

なんとここからはＪＲ東海の区間に入っていくのだ。

北海道・稚内をスタートした最長片道切符の旅、33日目にしてようやくＪＲ東海に入ってきた。節目はいつも感慨深くなる。座席も今までの東日本とは違いふかふかだ。

御殿場線は国府津から静岡県の御殿場を経由し沼津を結ぶ全長60・６㎞の路線で、箱根山を大きく迂回しながら進んでいく。

海沿いを走る東海道本線より40分ほど多く時間がかかるのは、単純に遠回りしているのもあるが、御殿場線は単線の路線なので途中駅で都度行き違いが発生する。そんなローカル線を進むこと約１時間で御殿場に到着。

再び御殿場線の沼津行きの普通列車に乗り換える。

この時、おそらく車窓から富士山が見えていたはずなのだが、まったく気がつかなかった。というのも富士山は遠くからみると青く見えるが、近づけば近づくほど茶色に見えるのだそう。

どうやら空気の層と光の反射が関係するらしいが、それを知らなかった私の脳は茶色い山＝富士山と認識しなかったのだ。茶色い山を見ながら進むこと30分ほどで沼津に到着。

32〜33日目　2023.3/12〜13

## 土地勘があると増す「何してんだよ」感

この日ついにＪＲ東海の管轄へ突入。北海道からスタートし33日目にしてやっとＪＲ東海へ……

東海地方に入ってからも順調に進んできていたのだが、ここでなんと次に乗る東海道本線が運転見合わせとのこと。

「列車がお客様と接触したため」とアナウンスされていた。今までの道中、動物との接触はあったが人身事故は初めてかもしれない。

駅員さんにいつ運転再開かと尋ねてもわからないとのこと。今日はこのまま富士まで行き、特急に乗ろう思っていたのだが、まさかの沼津で足止めを食らうことになった。

立ち寄る予定のなかった沼津、一体何があるのかなと考えるよりも先に目に入ってくるのはアニメ『ラブライブ！サンシャイン!!』の横断幕。

そう、ここ沼津は『ラブライブ！サンシャイン!!』の舞台になった場所らしく、アニメが放送終了し何年も経っているにもかかわらず街は『ラブライブ！サンシャイン!!』一色なのだ。

商店街にはキャラクターの幕が吊るされ、市内を走行する路線バス・タクシーにもラッピングが施されている。マンホールにもキャラクターの顔が描かれていてまるで踏絵のようだと思ったり。

かくいう私はこのアニメをまったく知らなかったのだが、ざっくりいうと統廃合の危機に直面した女子校を盛り上げるべく女の子達がスクールアイドルを目指す話らしい（ファンに怒られるくらいざっくり）。

ちなみに『ラブライブ！サンシャイン!!』と『ラブライブ！』は別物らしい。オタクはそこら辺にセンシティブなので動画にするにしても気をつけなければならないなと思った。

街をそぞろ歩き、まったく知らないにも関わらずアニメの聖地巡礼をしてみる。沼津港の方に行ってみたり等身大パネルの展示を見に行ったり。調べるとキャラクターの住むマンションのとなりに建つビジネスホテルでさえ聖地認定されているから面白いものだ。そうこうしているると2時間近く経っていた。

駅に戻るとさすがに東海道本線の運転が再開していたようで、富士へ向かう。

途中、車窓から夕焼けの富士山が見えた。遠くから見る富士山はやっぱり美しい。

今までの道中でも郷土富士をたくさん見てきたので改めて本物を目にするとより感慨深いものがあった。これも日本全国を巡る聖地巡礼みたいなものか。

富士に到着後、身延線の特急「ふじかわ」に乗り換える。身延線は富士と山梨県の甲府を結ぶローカル線。

車窓からは雄大な富士山や富士川など様々な景色が楽しめる絶景路線としても知られていて、「ふじかわ」も窓が大きいワイドビュー仕様になっているのだ。

32〜33日目　2023.3/12〜13

## 土地勘があると増す「何してんだよ」感

本当はもう一本早い特急に乗りたかったのだが、予期せぬ事故があったので仕方がない。もうすっかり暗くなってしまい景色は見えないが、ワイドビュー仕様の「ふじかわ」には景色以外に楽しみがある。

指定席特急料金を払えば半個室のようなコンパートメント席を使うことができるのだ。

1席1席が指定席として発売されているので相席になる可能性もあるのだが、直前にとなりに誰も座らないことを確認したうえでチケットを取ったので実質貸し切りで半個室を使える。

もくろみ通り貸切の半個室に着席すると、18時15分。列車は富士を出発した。先ほどまではうっすら富士山の輪郭が見えたのだが、もう見えなくなってしまった。

外が暗くなってからが、一人宴会の始まり。国府津で買った「鯛めし」駅弁と焼酎のお茶割りを机の上に広げる。

醤油ベースの炊き込みご飯の上に甘めに味付けされた鯛フレークがたんまりとかかっている。少し甘めの味付けが懐かしく、またお茶割りにも合うような気がする。

山間部を走る身延線は勾配や急カーブがあるので特急でもスピードが出せず遅い。

意図せず見ることができた夕焼けの富士山。この旅で色んな山を見てきたがやはり富士山は別格だ

富士から甲府までを距離にすると88・4㎞とそこまで離れていないのだが、1時間46分もかかった。まぁ貸切で食べたり飲んだりしてたらあっという間だったのだが。という訳で甲府に到着。次は中央本線で甲府から特急「かいじ」に乗って東京・八王子まで。今日も結局東京へ戻る。約1時間で八王子に到着。

東京はホテルが高いので移動を続ける。八王子から横浜線に乗り換えて約50分で新横浜に到着。

スタートした川崎から新横浜までの移動に12時間かかってしまった。今日も一体何やってんだよとツッコミたくなるルート。

東京近郊で遠回りをしていると北海道、東北よりも土地勘がある分、「何やってんだよ」感が増してくる。まぁこれは自分で始めた物語だ。今日は寝て明日も頑張ろう。

国府津で購入した東華軒の「鯛めし」。1907(明治40)年に誕生したという歴史ある駅弁だ

34日目　2023・3／14

## 日本一長い普通列車で秘境駅へ

今日は新横浜からスタート。

最初に乗る列車は東海道新幹線「こだま」。隣駅の小田原まではわずか15分で到着した。

今日は東海道新幹線から東海道本線の列車に乗り換え、また東海道新幹線に乗って東海道本線の在来線で愛知県を目指すというルート。

運賃計算の特例で新幹線と在来線が並行している区間では同じ線として営業キロ等を計算できるというルールがあるのだが、最長片道切符でも同じことが言えて新幹線、在来線どちらに乗っても良い区間なのである。

ただ、この東海道本線の区間は少し特殊で、「新横浜」「新富士」という新幹線の単独駅をうまく経由することで、前日に通った東海道本線の区間を避け同じルートを2回通らないように調整しているのだ。

それゆえこの先新幹線と並行在来線の乗り換えが頻繁に発生する。ここ数日は東京近郊をごにょごにょしていたので久し振りに大移動といった感じだ。

小田原駅ではダイヤ改正のために時刻表の張り替え作業を行っていた。2月頭から始まったこの旅、途中の3月18日に春のダイヤ改正が行われるのだ。

一応そのニュースは気になってチェックしたのだが、もう旅も中盤に差し掛かりあまり影響はなさそうだ（運賃は少し得しているのかも……？）。

さて、次に乗っていく列車は特急「踊り子」、東海道本線で静岡県の三島へ向かう。

全席指定席の特急「踊り子」。座席はフカフカで窓際にはコンセントもありありがたい

今日もひたすら列車に乗り続けなければならないため、ほとんど観光はできないのだが、伊豆の海をイメージした爽やかなデザインの「踊り子」に乗ると一気に観光気分になれて少しテンションが上がる。

列車は海からもっとも近いとされる根府川を通過する。車窓からは穏やかな相模湾が見えた。

14両編成で走ってきた「踊り子」だが熱海で切り離し作業が行われる。前寄り9両が伊豆急下田行きとなり、5両が修善寺行きとなる。

修善寺行きの方が車両編成は少ないのかと意外に思いながら切り離しを見届けた。

乗車してから37分で三島に到着。ここから再び東海道新幹線

34日目　2023.3/14

## 日本一長い普通列車で秘境駅へ

に乗り換える。この日は曇っていて富士山は見えなかった。

時刻は11時18分。静岡に到着。

少し早目の昼食に静岡名物「さわやか」のハンバーグでも食べようかとサイトを確認してみるとなんと100分待ち。平日のオープン直後だというのにこの混み具合。春休みの混雑は恐ろしい。

100分も待ってたら今日の目的地まで到底行けやしないので「さわやか」は断念。普通列車に乗り換えて浜松へ向かうことに。


「青春18きっぷ」の旅では横に長い静岡は〝ロングシート地獄〟と揶揄されるのだが、この旅ではたった1時間12分のロングシート乗車で浜松に到着した。

ここから愛知県の豊橋へ乗り換える列車は313系の快適な転換クロスシート。車窓から見える浜名湖を眺めつつ30分ほどで愛知県の豊橋に到着。お腹が空いたので名物の「豊橋カレーうどん」を食べに行くことに。

駅から10分ほど歩き「うどんそば処 勢川《せがわ》本店」にやってきた。ここは豊橋で100年続く老舗なのだとか。

メニューに載っているうどんはすべて美味しそうに見えたが、ここではもちろん豊橋カレーうどんを注文。

運ばれてきたカレーうどんは粘度が高く、絡みつくような濃厚スープで麺を持ち上げる箸が重たいほどだった。汁跳ねが怖いから紙エプロンを着けて食べる。カレー自体はそこまで辛くなく、うどんは出汁が効いていて美味しい。

ただ、名物になるからには美味しいだけではパンチがない。豊橋カレーうどんは食べ進めると下からとろろご飯が出てくるという、驚きの二層構造になっているのだ。

うどんを食べ終わったら薬味を入れてカレーとろろご飯にしていただく。一杯でカレーうどん、そして和風カレーライスも楽しめる。

うどんとご飯というボリューム満点の「豊橋カレーうどん」をなんとか完食。お腹いっぱいで動きたくないのだが、もうそろそろ電車の時間なので駅に戻ることに。

帰り道、商店街を通っていたら「駅への近道・地下7番街」という看板を発見した。

地下街があるなんて豊橋は想像以上に都会なんだなと思いながら階段を下るとシャッターがほとんど閉まっている通路に服屋のマネキンが数体立っているという不気味な光景が広がっていた。

あまりの奇妙さに早足で通過したら思ったよりも早く駅に戻ることができた。この近道というのは、そういうことなのだろうか。

さて、今日は朝から移動して神奈川から愛知までやってきたのだが実はここからが本日のハイライト。今から飯田線の普通列車に乗っていく。

飯田線は愛知県豊橋から長野県辰野を結ぶ全長195・7㎞の巨大なローカル線。

34日目　2023.3/14

## 日本一長い普通列車で秘境駅へ

「豊橋カレーうどん」。ウズラの卵が添えられたカレーうどんの下にとろろとご飯が入っている

乗車していくのは14時42分発岡谷行きの飯田線普通列車。飯田線の終点辰野を越え中央本線の岡谷までを6時間55分かけて結んでいる。これは運行時間だと日本一長い普通列車ということになる。

飯田線に乗るのは覚悟していたので、ある程度準備をしていた。水を2ℓと約7時間の移動に耐えうるだけの食料も買っておいた。「備えあれば憂いなし」その心得がなければ飯田線は踏破できない。

14時42分豊橋を出発。列車はしばらく市街地を走って行く。豊橋から豊川までの区間は乗り降りが多い。

飯田線にある94駅のうち80駅は無人駅で、その場合の運賃回収は車掌さんが行う。よって車掌さんはホームの端から端を走って運賃回収に努めていた。車掌さんが若め（私より年下？）なのは体力仕事だからなのだろうか大変な仕事だ。

ただそれも市街地を走っている時の光景で30分ほど走ると車窓が一気にのどかな風景に移り変わる。

この頃には乗客はほとんどいなくなっていた。飯田線を乗り通すのなんてよっぽどな物好きか鉄道オタクぐらいしかいないのだろう。

豊橋市民からは豊川に行くときに使う列車として認知され

ているときいた。

列車は線路に沿って温泉旅館が並ぶ湯谷《ゆや》温泉を出発後、宇連《うれ》川と並行するように走っていく。この川は車窓から見てもわかるほど水深の浅い川のようで、川底に一枚板を敷いたように見えることから別名「板敷川」と呼ばれている。

透き通った水の濃淡がまるで水墨画のように映る美しい風景だ。乗車してから1時間30分ほどで愛知県と静岡県の県境のトンネルを通過する。トンネルを抜けるともうそこは静岡。

小腹が空いたので朝、小田原で買った「湘南ゴールド」というミカンを食べた。長時間乗ってると家みたいな落ち着き感がでてくる。座席がふかふかだったのも居心地のよさに拍車をかけた。

途中の中部天竜で15分ほど停車時間があった。ここまで約2時間、終点岡谷まではあと5時間弱。

座りっぱなしだと血流が滞るので、こういうタイミングで列車を降りて屈伸運動をしておく。エコノミークラス症候群で中断なんてたまったもんじゃない。

16時44分、中部天竜を出発。

水窪《みさくぼ》に停車中、すれ違ったのは特急「伊那路」。飯田線にも1日2往復だけ特急があって、これに乗りたいと昨日調べていたのだが、時間の関係で難しかった。それに飯田線自体の地形が険しく、急勾配やカーブなどが連続するため特急でもスピードが出せないのだとか。「なら

## 日本一長い普通列車で秘境駅へ

普通列車でいいか」と日本最長の普通列車に乗ることを甘んじて受け入れたのだ。

　そして山間部を走る飯田線。見所として〝秘境駅〟が沢山あることで知られている。その中でも「秘境駅ランキング」第3位の小和田駅に到着。道路もなくもっとも近い集落までも片道1時間かかるという人里離れた秘境駅だ。

　秘境駅のロマンに惹かれ一度降りてみたい気もするが、今日中に岡谷まで行かないといけないので断念。

　そして小和田のおとなり、中井侍も10位にランクインしている秘境駅。駅の前にはのどかな茶畑が広がっている。

　ちなみに「秘境駅ランキング」とは秘境駅訪問の第一人者・牛山隆信氏が全国の駅を訪れ秘境度を1位～100位にランク付けしたもので、秘境駅探訪の指標とされている。さきほど挙げた順位は2023年度版だ。

　中井侍となりの伊那小沢は秘境駅ランキング62位の秘境駅。

　飯田線はこのように魅力的な秘境駅が点在しているのでマニアにとっては人気で、毎年春と秋に急行「飯田線秘境駅号」という観光列車も運行しているほど。そのチ

ほとんど貸し切りの車内であんまきやミカンを食べる。まるでピクニックのようだ

ケットは人気すぎて毎回争奪戦になるらしい。秘境に人をよびこむ逆転の発想で成功している。

乗車してから3時間ほどで平岡に到着。平岡は長野県天龍村の中心部にあり、村の玄関口となる駅だ。ここでも15分ほど停車時間があった。

駅舎は「ふれあいステーション龍泉閣」という宿泊施設の2階にあって、日帰り温泉も楽しめるのだそう。温泉に入りたいが、さすがに15分じゃ無理なので列車に戻って出発を待つ。気づけば車内に人は居らず、私の貸切状態になっていた。

日が暮れてきてから再び秘境駅ラッシュが始まる。

秘境駅ランキング13位、平岡ダムの完成により周辺の集落が水没、その結果秘境駅となってしまった為栗《してぐり》。

秘境駅ランキング5位、駅の両側をトンネルに挟まれた断崖絶壁に建つ田本。

秘境駅ランキング6位、駅名標に触ると金運が上昇するという都市伝説がある金野。

秘境駅界のトップランカーの駅を次々と通り過ぎていく。

久しぶりの有人駅である天竜峡を出発する頃にはすっ

飯田線は多くの“秘境駅”を有する。小和田駅は静岡、長野、愛知３県の境界駅でもある

34日目　2023.3/14

## 日本一長い普通列車で秘境駅へ

かり日が落ちており、駅に人影があったので幽霊かと思ってしまった（無人駅を見慣れすぎて）。

列車は下山村に到着。ここでは「下山ダッシュ」という〝競技〟が有名で、下山村から5つ先の伊那上郷までの線路は大きく迂回しており6・4㎞の距離があるのだが、直線距離にすると2㎞ほどしかないので電車を逃しても走ったら追いつけるのではないかというチャレンジなのだ。『探偵!ナイトスクープ』（朝日放送テレビ）や某漫画でも取り上げられたことがある。ただ、キツい坂道をダッシュしなければならないらしく実際に間に合うのかは謎。非常に気になるところであるが、この時は果敢なチャレンジャーはいなかった。

そして出発してから4時間16分、飯田線の中心駅である飯田に到着。

ここでも15分ほど停車時間があったのだが、19時をすぎて駅ナカの「キヨスク」も閉まっていたので大人しく車内で待つことに。

もう晩ご飯の時間ということで、豊橋で買っておいた名物の「三色稲荷」を食べたりして過ごす。

景色も見えなくなりうとうとしていると列車は飯田線の終着駅辰野に到着。ついに飯田線完走だ。列車はそのまま中央本線に乗り入れ、終点の岡谷へと向かって行く。

岡谷に到着した時刻は21時39分。

14時42分に豊橋から乗車してから6時間57分（2分遅れてた……）。約7時間で長野県岡谷に到着。

いやー長かった。確かに長かったけれど最初想像したほど苦痛ではなく、むしろ楽しかったと思えるほどだった。飯田線の車窓からの景色が素晴らしく、長旅でも退屈しなかったのが大要因なのだろうか。ただ、もう一度乗れと言われたら遠慮したいものだが。

岡谷でホテルを探してみたのだが、あいにく空きがなく、ここからもう少しルートを進むことにした。今日も体にむち打ち進んでいく。

中央西線の普通列車に乗車。わずか10分で塩尻に到着。駅に降り立った瞬間に「さむっ」と思わず口にした。駅前の温度計は2℃を指していて、3月中旬でも長野県はかなり冷え込むようだ。

今晩は温泉付きのホテルを取ったので温まってから寝ることにする。

晩ご飯は豊橋で購入した壺屋の「三色稲荷」。濃い目の甘口のいなりずしだ

35日目　2023・3/15

## “初見殺し”区間でショートカット？

塩尻はワインの町らしく駅ナカのキオスクには信州ワインが並んでいた。こういう時にワインに詳しかったならばと思うのだが、重いとか軽いとか味の違いが正直分からない。

本日最初に乗る列車は10時03分発中央西線特急「しなの」。

特急「しなの」に乗るのはこの旅でも2回目だ。この前は松本から長野までを北上したが、今回は一気に南下して名古屋へ向かう。

名古屋までは1時間58分。昨日の飯田線の7時間と比べたら乗っていないかのようなものだ。列車はのどかな山間の道を進んでいく。カーブの多い区間を走る特急「しなの」は制御付き自然振り子装置のおかげで速度を保ったまま走ることができる。

ただ揺れるのでうつむいてスマホを見ていたら酔いが回ってきた。

列車はいつのまにか岐阜県と愛知県の県境にさしかかっていた。山の中を走っていた特急「しなの」。名古屋に近づくと車窓が一気に都会的に変わる。

12時03分名古屋に到着。さすが大都会名古屋。駅の規模や人の多さが今までとは段違いだ。次の列車まで1時間ほどあったのでここで昼食を食べることに。

駅ナカに「名古屋うまいもん通り」という飲食店街があったので入ってみたのだがどこのお店にも人、人、人。

ラーメンならばすぐに食べられるだろうと愛知県内を中心に展開されている中華料理店の「味仙《みせん》」にやってきたのだが、ここも目を見張るほどの行列。名古屋グルメの中で「味仙」の激辛台湾ラーメンがいちばん好きなのだが泣く泣く諦めることに。

その後も優柔不断で決められずウロウロしていたら次の列車の時間まで30分を切ってしまった。結局「ひつまぶし」をテイクアウトすることに。

人が多いということは待ち時間も発生しやすいということで、なかなか思い通りにいかないものだ。

次は特急「南紀」に乗って紀伊半島を一周する。

車両はキハ85系。こちらは２０２３年の7月に新型特急車両ＨＣ85系に置き換わるらしく、もうそろそろ見納めとなる。

座席がハイデッカー構造という一段高い造りになっていて車窓からの景色もよく見える。座り心地も古い車両ながらまあまあいい感じだった。ただトイレに行こうと思ったら和式トイレで衝撃を受けた。

## “初見殺し”区間でショートカット？

特急「南紀」に使用されていたキハ85系は2023年6月末で運転終了となった

12時58分、名古屋を出発。

駅で買ったひつまぶしを暖かいうちに食べる。ひつまぶしは高級品でミニサイズで2450円もした。普通サイズだと3000円を超えるというブルジョワジー価格。けれどお持ち帰りにしたことで牛丼のテイクアウトと同じような容器に入れられている。牛丼ミニと7倍近い値段の差があるが、きっと周りからは牛丼を車内でかきこんでいると思われたに違いない。

そんな羞恥心を感じながら食べていた私だが、駅員さんが来たことで衝撃の事実が発覚した。

回って来た車掌さんにいつもと同じように最長片道切符を手渡すと、「この切符じゃ特急『南紀』に乗れません」と告げられた。

特急「南紀」は最長片道切符に記載しているルートの通り関西本線と紀勢本線を経由して和歌山県の新宮《しんぐう》へ向かっていくのだが、四日市出発後に第三セクターである伊勢鉄道を経由することで、関西本線と紀勢本線の接続駅である亀山を通らずに時間と距離を大幅にショートカットするというのだ。

普通列車だと亀山に停車するのだが、速達性の高い特急「南紀」と快速「みえ」はショートカットする道を進んでいく。

　普通の旅行や通勤ならばショートカットで時間が短くなるのはウェルカムなのだが、なんせ私がやっているのは最長片道切符の旅。今まであえて遠回りをしてきたこの旅でショートカットをするなど言語道断だった。

　とはいえ気がついた時にはすでに四日市を通り過ぎていたので問答無用で伊勢鉄道に乗り入れてしまった。

とりあえず車内で伊勢鉄道分の530円を支払うことに。あからさまに落ち込んでいると車掌さんが「この区間は『青春18きっぷ』でも間違えやすい初見殺しの区間だよ」と教えてくれた。こういうミスをする人はよくいるらしい。

　今までも何度かルートミスをすることはあったが、その日のうちに修正してきた。ただ、今回は次の日に外せない用事があってどうしても大阪に帰らなければならない。今から一旦戻って亀山で乗り換え正しいルートで紀伊半島を一周するとなると大阪までの終電がなくなってしまう。

　ということで、ここは潔く諦めることに。後日、別で乗りに行くことにして今日はかまわず進む。

　本来最長片道切符の旅で見ることのない第三セクター伊勢

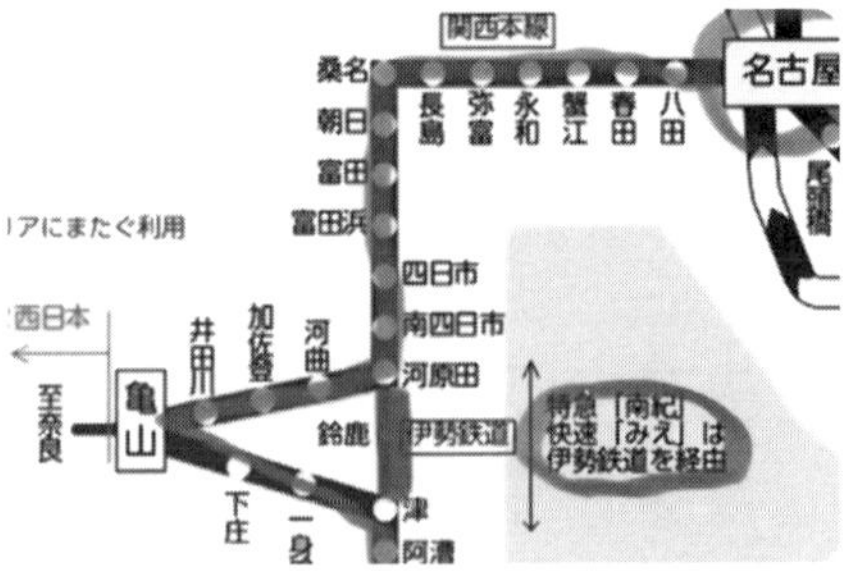


路線図を見てもらうとわかりやすいが、伊勢鉄道を通りショートカットしてしまっていたのだ

35日目　2023.3/15

## “初見殺し”区間でショートカット？

鉄道の車窓を眺めながら「うん、仕方ない」と自分を納得させるしかないのだ。

ショートカットしたおかげで列車はあっという間に三重県の県庁所在地・津に到着。

ここから本来のルートであった紀勢本線へ合流する。このまましれっと乗っていれば何の問題もない（隠蔽）。

途中に通る三重県の尾鷲《おわせ》市は日本で一番雨が多い都市とも言われているらしく、トンネルがちな車窓を眺めていたのだが、今日は晴れきっていた。この旅で傘の出番はほとんどない。

列車は三重県と和歌山県の県境に流れる熊野川を渡っていく。約３時間30分の乗車で終点の新宮に到着。

新宮はＪＲ東海とＪＲ西日本の境界駅。ここからＪＲ西日本の区間に入っていくのだ。以前、糸魚川で１区間だけＪＲ西日本の区間を旅をしてきたが、ここからはガッツリ関西の旅にシフトしていく。

次は特急「くろしお」に乗って紀伊半島の西側を進んで行く。

新宮で特急券を買う必要があるのだが、１つしかない券売機に行列ができていた。見るとおばあちゃんが切符を買うために職員に遠隔で操作方法を教えてもらっていたのだが、機械に慣れていないためにかなり時間がかかっていた。

ここ数年、みどりの窓口撤廃の動きが広まっているが、私自身時代の流れかなと受け入れている節はあった。ただ、こういう光景を見てしまうと〝撤廃！　撤廃！〟と切り捨てるのではなく、必要な場所にはそれ相応のバックアップが必要だと思う。高齢化が進んでいる地方だとなおのことだ。

時間はかかったものの無事特急券を購入し17時46分発の特急「くろしお」に乗り込んだ。

夕暮れ時、空がオレンジ色に染まる中海岸線を縫うように列車は走っていく。

紀伊半島一周は特急を使っていても結構時間がかかる。本州最南端の地・串本白浜温泉で有名な白浜を通り過ぎ、出発してから3時間15分で和歌山駅に到着。

　次は和歌山線に乗って奈良に行き、そこから大阪へ向かうルートなのだが、終電の関係で難しそうなので一旦和歌山で旅を終え、阪和線で大阪の実家に帰ることにした。

　今日は乗る列車も間違えてしまったし、上手な旅ができなかったなと自分の中で課題が残った一日だった。ただよく考えると、上手な旅ができた日の方が少ない気もする。

新宮駅に設置されているパンダの座席。かわいいがパンダの頭が邪魔で座り心地は最悪だ

36～41日目　2023・3／16～21

## 地元民もひっかかる「環状線の遠心力」

3月16日から20日は大阪の実家でしばしの休息。

編集作業や中々返せていなかったメールを返したりなどもしていたが、大半はダラダラしてしまった。何もしなくてもご飯が出てくるし、風呂も沸いている。実家はいいものだと再確認した。

3月18日には高校時代の友達6人とご飯に行った。近況報告で周りは旦那や子どもの話をするなか、鉄道で日本縦断をしている私。いったい何をやっているんだという気分になったのだが、みんなで私の動画を見て応援してくれているようであと少し頑張る気になった。

そして迎えた41日目。

やばい、切符の有効期限が残り15日しかない。実家でダラダラしすぎたようだ。ここからは少し駆け足気味で進むべきなのかもしれない。

今朝は大阪の実家から天王寺経由で和歌山にやってきた。この前旅を中断した和歌山が今日のスタート地点となる。ここから奈良へと向かっていく。

和歌山から奈良に行こうとするなら阪和線で一度天王寺に向かい、そこから関西本線で奈良へ行く方という方法が一番早く辿り着けるのだが、私はよっぽど物好きな切符を使ってるので、和歌山線と桜井線というローカル線を乗り継いで遠回りのルートを辿っていく。

和歌山線に乗るのは初めてで驚いたのだが、改札を通ったその先のホームに和歌山線専用の改札があった。どうやら無人駅の多い和歌山線内で不正乗車を防ぐ手段として専用の改札が導入されているらしいのだが、まさか2回も改札を通る必要があるとはつゆ知らず、最長片道切符では改札機を通せないので駅員さん呼び出しボタンを押し、この特殊な切符の説明をしていたら危うく電車を逃しそうになる。

「危なかった……」

9時55分発の和歌山線の普通列車にすんでのところで乗りこんだ。座席は休息明けの身体には堪えるロングシート。振り返る形で車窓を覗くと高野山が見えた。そして山のすそ野でゲートボールをするお年寄りの姿も。

そうこうしていると桜井線との乗り換え駅高田に到着。ここで桜井線に乗り換え奈良へ。

桜井線は2010（平成22）年の「平城遷都1300年祭」に合わせて「万葉まほろば線」という愛称がつけられた路線だ。

本当は万葉線にしたかったそうなのだが、すでに使われていたため、間に「まほろば」をつけたのだそう。

36〜41日目　2023.3/16〜21

## 地元民もひっかかる「環状線の遠心力」

「まほろば」とは素晴らしい場所という意味らしく、この沿線の多くは『万葉集』に載っている歌の舞台になっている。

ただ、ロングシートゆえ首をぐるっと回してまで万葉集の景色を見るほどでもないかと思いほとんど前を向いて過ごした。

車窓から馴染み深い生駒山が見えてくると奈良はもうすぐそこ。遠回りしたため、奈良に着くまでに3時間以上もかかった。

そして実は初めてＪＲ奈良駅にきた。というのも普段奈良に遊びにいく時には近鉄を使っているからだ。

奈良県は「近鉄王国」といわれるほど近鉄が優勢で、阪奈間においても近鉄の方が本数が多くて便利なのだ。また近鉄奈良駅で降りた方が奈良の市街地や奈良公園などの観光地に近くて観光がしやすいという理由もある。たまに奈良公園からやってきたはぐれ鹿が駅前をうろうろしているほどに。

ＪＲ奈良駅でも鹿との遭遇を期待していたのだが、綺麗に整備された駅前には流石に鹿はいなかった。

次に乗る列車は大和路快速天王寺行き。ようやく私の地元大阪へと突入するのだ。この電車の面白いところは大阪環状線に直通しているというところ。

長年大阪に住んでいるが、初めて降り立ったＪＲ奈良駅。近鉄奈良駅までは徒歩で13分ほどかかる

大阪環状線は一見すると東京の山手線のように大阪都心部をぐるぐる環状運転している路線のように見えるのだが、実は循環していない電車も多く乗り入れていて、その終点が奈良や和歌山だったりする。

乗車の際、確認を怠ったり車内でうっかり寝たりすると環状線の外、ひいては大阪府の外へ飛ばされてしまうこともある。それを「環状線の遠心力」と言ったりもする。私も何度引っかかったことか！　飲み会の後が特に危ない。

今日は奈良から大阪環状線に乗り入れていくので遠心力を逆利用する形になる。

電車は13時30分に奈良を出発。小腹が空いたので奈良名物の「柿の葉寿司」を食べる。柿の葉寿司は特に臭いもなく、車内でぱくっと食べられるから移動食にはもってこいだ。余ったらポケットに入れておけるし。この手軽さが好きでよく買っている。

車内には慣れ親しんだ関西弁が行き交う。誰も彼も、小さい子でも小気味のいいテンポで話していて、話の最後にちゃんとオチをつけるのが面白い。

そうこうしているうちに日本一高いビル「あべのハルカス」が見えてきた。２０１４（平成26）年に開業して以来、９年間もの間日本一高いビルとして、天王寺のシンボルとして存在してきた「あべのハルカス」。それが今度東京にできる「麻布台ヒルズ」に抜かれてしまうらしい。

大阪人は東京に敵対心を抱いているとネットで書かれることがあるが、私は東京にも住んでいたのでかなり中立な立場だと自負していた。

ただ、我が「あべのハルカス」が東京の「麻布台ヒルズ」なんてスカしたビルに抜かれると

## 地元民もひっかかる「環状線の遠心力」

大阪環状線の車窓からは「あべのハルカス」や通天閣など大阪のシンボルが見える

思うとメラメラしてしまう。

私にも確かに対抗心が根付いていたようだ。

14時05分、天王寺に到着。乗り込む時に見たこの電車の行き先表示では、終点・天王寺となっていたのだが、これは大阪環状線をぐるっと一周した後の天王寺ということなのでまだこの電車に乗り続けることができる。電車はここから大阪環状線の区間に入っていく。

隣駅の新今宮を出発すると車窓からは通天閣が見えてきた。大阪生まれだが実は一度も昇ったことがない。

西九条を過ぎると乗客に「ミニオン」が紛れ込んできた。子どもの胸に大事そうに抱えられているミニオン。ユニバ（ユニバーサル・スタジオ・ジャパン）帰りなのだろう。私も昔は年間パスを持っていたほどユニバ好きだったが、大人になって久しく行けていない。

天王寺から17分ほどで西日本最大の巨大ターミナル大阪駅に到着。一斉に乗客が降りたが、私は大阪駅には用はないので乗り続ける。

天満、桜ノ宮ときて、電車は急なカーブに差し掛かると「京橋グランシャトービル」で有名な京橋に到着する。

天王寺から環状線外回りで京橋まで来てしまった。内回りで行った方が10分ほど早く着けるのだが、なんせ最長片道切符なのでどこまでも遠回りするのだ。

京橋は京阪電車との乗り換え駅でもあり、学生時代に毎日のように利用した思い出深い駅でもある。かつての京橋はもっと雑多で汚いイメージだったのだが今は本当に綺麗になった。とくに駅のトイレは薄暗く絶対に使いたくなかったのだが今はもうその面影はない。

次は学研都市線に乗っていく。

学研都市線といえば友達が沿線に住んでいたのでたまに利用していたのだが、やたらと遅延する路線というイメージだ。

学研都市線に乗車しているとやっぱり電車が停まった。どこかの駅で人が線路に落ちたのだそう。

学研都市線は多くの線路と直通運転をしているため、どこかで事故や遅延が発生するとその影響をモロに受けてしまうのだ。

電車は5分ほど停車した後、運転を再開した。しばらく進むと列車は放出に到着。難読駅として有名になりすぎて逆に多く知られている気がするそんな駅。

これを〝ハナテン〟と読むのは関西人なら常識のことで、「ほうしゅつえき？？？」など言おうものならモグリ認定されてしまう。

全国を旅していると度々出合う“難読駅”。ここ大阪にもいくつか存在している

## 地元民もひっかかる「環状線の遠心力」

約1時間ほどで京都府の木津に到着。

再び大和路快速に乗り換えて関西本線をいく。乗車してから6分でおとなりの加茂に到着。ここから先も同じ関西本線に乗っていくのだが非電化区間となるためディーゼルカーに乗り換える必要があるのだ。乗車したキハ120形の車両は馬力をあげて山の中を結構なスピードで走っていく。

眼下に流れる木津川の風景と相まってスリル満点だ。

列車は伊賀上野に到着。ここは関西本線と伊賀鉄道の接続駅で忍者の里として有名な地域。駅で人影を見たと思ったら忍者の看板だった。

この駅で乗客が結構降りたのだが、揃いも揃って「『忍者』は1番のりばへ」という看板が指す方向へ歩いていく。

ただ単に1番のりばが出口の方向にあるのだろうが、皆が忍者みたいに思えて面白い。中には本当に忍者もいるのかもしれないが。

関西では珍しい非電化区間を進むこと約1時間、三重県の柘植《つげ》に到着。

ここで乗り換えるのは113系の緑の車両。2023年4月1日に引退する国鉄時代から使われていた車両のようで、図らずも最後に乗ることができた。

草津線で滋賀県の草津へ、列車はそのまま琵琶湖線に乗り入れてくれるので乗りっぱなしで京都の山科へと向かう。

乗車してから約1時間で山科に到着。ここは京都の隣駅らしく駅前もそれなりに栄えていた。

次の列車の時間まで30分ほどあったので腹ごしらえに駅前の「フレッシュネスバーガー」を食べた。

せっかくなので京都らしいものを食べればよかったかなと思いながら外に出てみると、フレッシュネスバーガーの並びにパン屋の「志津屋」があって、京都名物カルネにしとけばよかったかなと少し後悔が残ったり。まぁ関西に住んでいるので志津屋のカルネも何時でも食べられるのだが。

かつては日本全国を走っていた１１３系と別れのときが近づいていたのだった

さて、時刻は19時近いが今から湖西線と北陸本線を乗り継ぎ琵琶湖の周りを4分の3周してくる。

琵琶湖の湖西線はその名の通り琵琶湖の湖岸を走る。

同じところを二度通ることはできないので4分の3周という半端な感じになるのだ。途中、船の灯りがチラチラしていたので琵琶湖の周りを走っている雰囲気は感じられたのだが外は真っ暗で何も見えない。

真っ暗な中、新快速で約1時間、近江塩津に到着。近江塩津を地図で見ると琵琶湖の最北端、奥琵琶湖に位置するらしい。

近江塩津から北陸本線米原行きの普通列車に乗っていく。

36〜41日目　2023.3/16〜21

## 地元民もひっかかる「環状線の遠心力」

列車は約30分ほどで米原に到着。

米原からは本日最初の特急列車、特急「しらさぎ」に乗車。久しぶりに乗る特急の座席は快適で、それはそれは気分がよくなった。

21時34分、本日のゴール岐阜に到着。岐阜の駅前は想像以上に都会的でびっくりした。ネットでは「岐阜は名古屋の植民地!?」などとひどい言われ方をするようだが、駅前のペデストリアンデッキが立派すぎてまるで東京のお台場のようだと思った（言い過ぎかも）。しかも駅前広場には黄金の織田信長の像も立っている。すごいじゃないか岐阜。

岐阜の街に興味津々だが明日も早いのでそのままホテルへ直行。

振り返れば今日は特に観光もせずに列車に乗り続けた1日だった。13時間ぐらい乗っていたんじゃなかろうか。

こんなに急いだのには訳があって、実は明日は北陸を回って再び大阪に戻ってくるというルートを進むので、また実家に帰ろうと着替えもパソコンも置いて来たのだ。

そんなわけで明日中に帰りたい、帰らなければという思いで観光もせず朝から晩まで列車に乗り続けた。

最長片道切符に挑戦する人の中には鉄道に乗っているだけで「幸せ」と感じる人も少なくないのだろうが、私はそうではないらしい。途中駅で降りて観光して、名物を食べて……。私の旅にはそういう時間が必要だと今日改めて感じた。

次からは旅を楽しみつつ進めたらいいと思う（とはいえ切符の有効期限が迫りつつある）。

# 時間はお金で買えるのか

　今日は岐阜からのスタート。昨日夜中に着いたときも都会っぽいなぁと感じていたのだが、明るいところで見ても岐阜はやっぱり都会的だ。

　出発まで少し時間があるので朝ご飯を食べに行くことに。駅近くの「敷島珈琲店」でロイヤルミルクティーを注文するとパンとサラダとヨーグルトがついてきた。ドリンクを注文するとトーストやゆで卵などが無料でついてくる「モーニング」文化は愛知県一宮市が発祥らしいのだが、お隣の岐阜でも負けず劣らず豪華なサービスが受けられる。朝から得した気分だ。

　朝ご飯を食べ終えたところで9時03分発の特急「ひだ」富山行きに乗っていく。特急「ひだ」は２０２３年３月18日のダイヤ改正で全車新型車両のＨＣ85系に置き換わったのだそう。ＨＣ85系はハイブリッド気動車で、ディーゼルエンジンで発電した電気と蓄電池の電力を組み合わせ、モーターを回して走行するという仕組みらしい。

　タイムリーなことに最新の車両に乗れて嬉しい。

## 時間はお金で買えるのか

終点の富山までは3時間30分の長旅。

出発してすぐに車内チャイムの「アルプスの牧場」が鳴る。爽やかなメロディーだ。キハ85系の車両で運行していた時代は「(ワイドビュー)ひだ」という名前で、ワイドビューチャイムが採用されていたのだが、今ではワイドビューの名は無くなってしまいチャイムも変更された。鉄道ファンの中にはワイドビューチャイムが廃止され残念がっている人も多いようだが、現地で実際に聴いてみると「アルプスの牧場」もいい感じだ。これから日本の北アルプスの麓を走っていくという気概も感じられる。

それに変わらないところもある。以前と同様車両の窓は大きく、窓から望む高山本線の景色の美しさも変わらないのだろう。

地元高校生による沿線紹介のアナウンスなどもあって、3時間超えの移動も飽きずに過ごせそうだ。

列車は途中、草津・有馬と並ぶ日本三名泉の一つ下呂温泉に停車する。駅名標だけ見るとひらがなで大きく「げろ」と書いてあるのが面白い。

11時03分、飛騨高山の観光の拠点となる駅、高山に到着。

高山は個人的に親近感がある駅だ。というのも私の本名の苗字と同じ名前の駅。外国人観光客にも人気があるようで私も鼻高々になる(関係ないのにね)。

ここで列車の切り離し作業が行われる。富山に直通する特急「ひだ」は1日4往復あるのだが、高山より先の区間は前寄り4両だけでの運行になるのだ。

列車はJR東海とJR西日本の境界駅である猪谷《いのたに》を出発し、しばらく進んでいくと車窓から美しい立山連峰を望むことができた。

この景色をみると富山にやって来たという感じがしてくる。

12時32分、富山に到着。次は新幹線で金沢に向かう。12時46分の北陸新幹線「つるぎ」に乗車。

「つるぎ」は富山〜新高岡〜金沢間の3駅間だけを走るシャトル列車。たった20分で終点金沢に到着。

金沢は北陸随一の人気の観光地で駅を降りると熱烈な歓迎ムードが感じられる。

なんといっても金沢駅そのものが「世界で最も美しい駅14選」に国内で唯一選ばれるほど存在感があり、どこを切り取っても絵になるのだ。

観光案内所には石川県の観光PRマスコットの「ひゃくまんさん」も鎮座されており、その金箔輝くボディが光っていた。

せっかく北陸にやってきたので新鮮な魚でも食べたいと思い向かったのは「もりもり寿し」。

ここは金沢で一番並ぶ回転寿司屋として有名なのだが、平日でひとりぼっちなら運よく入れたりしないかなとふらっとお店を覗いてみた。しかし想像を超える大行列。早く入れたとしても1時間半はかかりそうなので断念。駅の商業施設の寿司屋で海鮮丼を食べることに。

それでも北陸の海の幸を感じるには十分な美味しさだった。

## 42日目　2023.3/22

# 時間はお金で買えるのか

多くの観光客がカメラを向ける金沢駅駅舎の鼓門は金沢の能楽で使用される鼓をイメージしているのだそう

次に乗車していくのは14時20分発の特急「サンダーバード」。北陸新幹線「つるぎ」との乗り継ぎ割引で特急券が半額で購入できた。

これに乗れば北陸本線で一気に大阪まで戻ることができるのだが、この旅はそんなに単純ではない。とりあえず途中駅の敦賀まで向かう。

出発してすぐに車内に「北陸ロマン」が鳴り響く。

市街地を進んでしばらくすると車窓から田んぼと北陸新幹線の延伸区間の高架線が見えた。

北陸新幹線は２０２４年の春に延伸開業予定だが、いざ開業すると現在乗っている金沢～敦賀間の特急が廃止になってしまう。大阪から北陸に行くのにいつも「サンダーバード」を使ってた関西の民としては直通の特急が無くなるということで不便になってしまうのもあるし、愛着もあったので少し寂しい。

列車は加賀温泉、芦原《あわら》温泉と温泉地を通っていく

来年には新幹線の停車駅となる温泉の名を冠した駅。新しい新幹線駅の工事はほぼ完成している様子だった。来年の今頃は盛り上がっているんだろうなと一年先の未来に思いを馳せる。

そして、在来線のトンネルとしては日本最長の北陸トンネル（1万3870m）を越えて15時40分、敦賀に到着。

敦賀駅からは小浜線に乗り換えていく。

小浜線は敦賀駅から京都府の東舞鶴駅を結ぶローカル線。列車はのどかな風景の中を進んでいく。

大阪〜金沢を走っていた特急「サンダーバード」は2024年の北陸新幹線延伸開業で大阪〜敦賀までとなった

小浜線の中心駅である小浜を出発すると車窓には美しい若狭湾の景色が現れた。

この時列車はかなり徐行運転になっていて、もしかして私達に美しい景色を見せてくれているのかと思ったのだが、調べてみるとどうやらそうではないらしい。

若狭湾に沿って走るため線路の形状があまり良くなく、この区間では必然的に徐行運転となるというのだ。

観光列車でもないのにこんないい景色をゆっくり楽しめるのは気分がいいなと思っていると前の席の高校生がブラインドをシャッと閉めた。眩しかったのだろう、毎日乗っていると綺麗な景色も見慣れてくるんだろうな。

約2時間かけて小浜線を完走し東舞鶴に到着。

42日目　2023.3/22

## 時間はお金で買えるのか

ここから舞鶴線に乗り換える。やって来た列車は113系。昨日湖西線で引退直前の113系車両に乗ったのだが、舞鶴線でもわずかながら生き残っていたようだ。

モーター音を上げながら爆走すること30分で綾部に到着。時刻は18時を過ぎて日が落ちかけている。

お腹が空いたので駅周辺で何か食べられるところを探すと昔ながらのラーメン屋さんを発見。特に名物という感じでもないベーシックな醤油ラーメンを食べたのだが素朴な味で美味しかった。

値段も安く、「こういうのでいいんだよ」と言ってしまいたくなる味だった。

駅に戻ってきて次に乗車していくのは特急「はしだて」。「はしだて」は基本的に287系で運行されるのだが、1日2往復だけ京都丹後鉄道の観光列車「丹後の海」のKTR8000形車両を使用して運転される。

今回乗り込む「はしだて8号」がまさしくそうなのだ。

海をイメージしたメタリックな青が派手で、高級感が漂う外観。調べると水戸岡鋭治氏のデザインなのだそう。なるほど、JR九州っぽさがある訳だ。この列車に乗って京都まで向かう。

20時23分、京都に到着。

やっぱり京都は夜でも人が多い。京都タワーもさんさんと光り輝いている。もう夜なので観光はしないのだが、お土産に「京ばあむ」だけはちゃっかりゲット。

今から新大阪に向かうのだが、2日間ノンストップで移動をしていたので早く帰りたくなって新幹線のチケットを取ってしまった（京都～新大阪間は計算上在来線と新幹線どちらを使っても良いのだが、強いて言えば新幹線の方が実際の距離が0・1㎞長いのだそう）。

学生時代大学のゼミの先生が京都～新大阪間の移動に新幹線を使っていて「うわぁ、ブルジョワジー」と羨望の眼差しを向けていたのだが、大人になって分かった。あれは時間をお金で買っていたのだなと。

とはいえ東海道本線の新快速も相当速いので、10分程度の時間を短縮するために特急料金870円を払ったことになる。この事実に「お昼1食分食べられたじゃん」と思ってしまう私にはまだ京都～新大阪間の新幹線乗車は早かったのかもしれない。

新幹線で14分とあっという間に新大阪に到着。というわけで無事大阪に帰ってこられた。

身軽な装備で移動したこの2日間は最長片道切符の旅の中でも小トリップのような心持ちだった。

観光列車「丹後の海」。内装にもこだわっており共有スペースを利用して快適に移動ができるのも特徴

43〜44日目　2023・3／23〜24

## 忘れられない誕生日

昨日は自宅で編集作業など。北海道・比羅夫の宿に泊まったときの動画を公開した。あの頃がずっと昔のことのようだ。そして44日目。今日は新大阪から旅のスタート。ここからゴールの新大村まで中断することなくノンストップで向かおうと思う。なんせ切符の有効期限が差し迫っている。

本日最初に乗車していくのは山陽新幹線「こだま」。トンネルがちの区間を進むこと20分ほどで西明石に到着。

次に乗るのはＪＲ神戸線。だがＪＲ京都線で車両トラブルがあったため、電車が遅れているというアナウンスが。

家から新大阪に向かう電車も遅れていたので嫌な予感はしていたのだが、他の路線のダイヤもぐちゃぐちゃに乱れている。

今日は予定通りにスムーズにはいかないことを覚悟しながら進むしかないなと腹を括った。

ホームでしばらく待ってやってきたのは新快速列車。これに乗って今から尼崎に向かっていく。

さっき大阪から西明石までやって来たのに再び大阪方面に戻っていくのだ。

列車が出発ししばらくすると日本標準時子午線を横切る。

標準時子午線は日本の時間の基準となる東経135度の経線で、概念上の線なのでその存在がはっきり見えるというものではないが、子午線上に明石市立天文科学館が建っているから「あ、今通った」とわかるのだ。

車窓に映る明石海峡大橋や須磨海岸、「鉄人28号」の巨大モニュメントなどを横目に見ながら40分ほどで尼崎に到着。

時刻は12時20分。

ここから先、福知山線の特急「こうのとり」に乗るつもりだったのだが、電光掲示板をみると乗りたかった列車の到着が1時間ほど遅れていた。

仕方ないから尼崎でご飯でも食べようかと思っていたところ、1時間前に出発していたはずの11時18分発の「こうのとり」がちょうどホームに入線してきたのだ。

「これはラッキー。ナイスタイミング!」と思い、やってきた「こうのとり」に飛び乗る。

どうせ次の特急も遅れるだろうから、それなら早く目的地に着きたかったのだ。

43〜44日目　2023.3/23〜24

## 忘れられない誕生日

福知山線の列車は尼崎を出発すると東海道本線と枝分かれをし、カーブの区間に差し掛かっていく。

福知山線と聞くとどうしても2005（平成17）年4月25日に発生した「福知山線脱線事故」の事が思い出される。

塚口～尼崎間で発生した福知山線脱線事故は尼崎行きの快速電車で起こった。

列車は制限速度を大きく超えたままカーブに進入し、カーブを曲がりきれず脱線。

そしてそのまま線路脇のマンションに衝突したのだ。

7両編成の前5両が脱線、1両目はマンションの立体駐車場に突っ込み、2両目は外壁にへばりついた形で〝くの字〟に曲がっていたのだそう。

普段使っている通勤電車が〝こう〟なるなんていったい誰が思うだろうか。

連日テレビで放送されていたあの光景は今でも忘れられない。

乗客106人と運転士1人が死亡、562人が重軽傷を負った大事故が起こった現場には現在、追悼施設「祈りの杜」が建てられている。

福知山線尼崎～塚口間にある福知山線列車事故現場「祈りの杜」

あの悲惨な事故のことを忘れていないと証明するかのように列車は事故現場をゆっくりと通過していく。

宝塚、三田を過ぎて山の中に入ってからは、動いては停まり、動いては停まりを繰り返して列車はかなり遅れている様子。

本来なら立ち寄ることのなかった福知山駅。気を取り直して次の特急「こうのとり」で城崎温泉へ向かう

特急では通過するはずの広野や下滝でも待ち合わせのため長く停車していた。とにかく今日のダイヤはぐちゃぐちゃだ。通常なら終点の福知山までは1時間30分ほどで到着するのだが結局2時間15分ほどかかってしまった。

ここから向かいのホームに停車してあった特急「きのさき」に乗り換え城崎温泉へと向かうのだが、ホームにいた駅員さんに聞くとまだ出発まで少し時間があるとのことだったので一旦改札を出て駅ナカのコンビニへ。

尼崎から急いで特急に乗ったものだから朝から何も食べていなかったのだ。

呑気に買い物を済ませ、ホームに戻ると停車してあったはずの列車がいない。

しばらく「え、なんで……?」と状況が飲み込めなかった

## 忘れられない誕生日

のだが、徐々に列車に置いて行かれてしまったという事実を受け入れざる負えなくなってきた。だってホームに列車がないのだから。

これだけならただの笑い話で済んだかもしれないが、実は車内にバックパックを置きっぱなしにしていた。

なんと無用心な。

とりあえず急いで駅員さんに事情を伝えると列車の終点・城崎温泉でバックパックを回収してもらえることになった。

一番大事な切符と財布とスマホはかろうじて持っていたので1時間後の特急「こうのとり」で荷物を追いかけ城崎温泉に向かうことに。

不甲斐なさと荷物の心配とで気が気ではなかった1時間を福知山で過ごし、ようやくやってきた「こうのとり」に乗り込んで山陰本線を進んでいく。

乗車してから1時間で終点の城崎温泉に到着。

先に城崎温泉に到着していた荷物を受け取る。駅員さんにも迷惑をかけてしまい本当に申し訳なかったのだが、駅員さんはとても優しく、切符を見て「新大村まで頑張ってね」とエールまでくれた。

というわけで荷物も受け取り完全体になったので城崎温泉駅周辺を少し散策することに。

志賀直哉の小説『城の崎にて』でも描かれた城崎温泉は7つの外湯巡りが有名で、それぞれ異なった趣がある。その中でも駅から1分ほどのところにあるのが「さとの湯」だ。キャッチフレーズは「電車の待ち時間で楽しめる駅舎温泉」。その名に趣があるのかは微妙だがせっかくなので立ち寄ってみることに。入浴料は８００円。

次の列車の関係で10分ほどのエクストリーム入浴しかできなかったのだが、足を伸ばして入れる露天風呂は最高だった。

電車を待つ間にひとっ風呂というのも粋なもんだなと思った。

次は17時41分発の普通列車に乗って鳥取方面に向かう。

先ほどと同じく山陰本線なのだが、城崎温泉から先の区間は非電化区間となりディーゼルカーでの運行となる。

しばらく走ると車窓から日本海が見えてきた。日中ずっと内陸を走っていたのでなんだか海が懐かしく感じる。

途中の余部橋梁を走行中に見た日本海は夕日に照らされていて、それはそれは美しかった。

列車は約1時間で終点浜坂に到着。

浜坂は湯村温泉の最寄り駅らしく、駅から温泉街らしい雰囲気のあるメインストリートが延びていた。

ただ、18時をすぎていたのでお土産屋さんなどはすでに店じまいをしていたようで、街灯も

## 忘れられない誕生日

点いておらず、人も全然いなかった。

19時05分発、同じく山陰本線の普通列車に乗って行く。

山陰本線は日本一長い在来線で、この旅でも細切れに何度か使うことになるのだが今日は途中の鳥取まで向かう。

列車は相変わらず日本海側を走っていくが、もう暗くなってしまって何も見えなかった。

約1時間で鳥取に到着。

山陰の主要都市・鳥取。駅前には「TOTTORI」というモニュメントがライトアップされ輝いていたが、街自体はひっそりとしていた。

さて、今日はバタバタしていてろくなご飯を食べていない。

近くで晩ご飯を食べられる場所を探すとテレ東のドラマ『孤独のグルメ』で登場した「まつやホルモン店」というホルモン屋さんがあるとのこと。

ただ、閉店時間ギリギリで、歩くと間に合わない可能性があったのでタクシーを使うことに。この旅で初めてのタクシー利用だ。

何だか定食屋のような風貌の駅舎。カニのシーズンには臨時特急「かにカニはまかぜ」が運転されるらしい

駅前にいたタクシーに乗り込み、わずか3分ほどでお店に到着したのだが、引き戸を開けると大将に「ごめん、もう終わっちゃったー」と言われてしまった。

「ガーン」とその場に立ち尽くしてしまったのだが、その姿がよっぽど可哀想に思えたのか店内にいた常連らしきグループの1人が「1人で来たんか?」「タクシーで?」と話しかけてくれて「大将、簡単なものやったら出せんじゃない」と掛け合ってくれた。

大将も大将で他の客の手前1回断ったが、可哀想に思ってくれたらしく「ホルモン焼きそばだったら出せるけど」と聞いてくれて、私も井之頭五郎役の松重豊さんが食べていたその焼きそばが目当てだったので「お願いします」と空いていたカウンター席に腰掛けた。

鉄板をコの字で囲むカウンター席。隣の常連さんはほどよく酔いが回っているようでフレンドリーに話しかけてくれる。

そこから常連さんの輪の中に入れてもらってこれまでの北海道から鳥取に至るまでの話をしたりした。

途中、おねえさんに「何歳なん?」と聞かれ、「そういえば今日誕生日で、一つ歳をとりました」と答えた(そう、実は3月24日は私の誕生日なのだ)。すると店内に

ホルモンそばは特製のタレにつけて食べる。みなさん優しくアットホームなお店だった

いた皆さんが驚き立ちあがり「えー!!　おめでとう」と歌を歌ってくれた。

「ハッピーバースディトゥユー、ハッピーバースデートゥユー、ハッピーバースデーディア、あ、そういえば名前なんて言うん?」

皆、初対面なのでそんな感じでグダグダのバースデーソングだった。

列車が遅れたり、荷物を置き忘れたりと災難続きの一日で、誰にも祝われずに一日が終わると思っていたのだが、旅先でたくさんの人に誕生日を祝ってもらえて嬉しかった。

この年の誕生日はきっとこの先忘れることはないだろう。

45日目　2023・3／25

## 7時間かけてとなりの駅へ……

誕生日を終え、一つ歳をとった。

YouTubeで活動している際の年齢は非公開なのだが、アラサーど真ん中に差し掛かってきた。

年齢を自覚すると慢性的な肩こりがより一層辛くなってくるような錯覚に陥る。とは言え身体にむち打ち今日も進まなければならない。

鳥取から7時18分発の因美線の普通列車に乗っていく。列車はのどかな風景を進み、乗車してから50分ほどで智頭《ちず》に到着。智頭は第三セクターの智頭急行起点駅でもある。

私は引き続き因美線の普通列車に乗り換えていく。智頭を出発した列車はしばらくの間智頭急行線と並走するようにして走る。

もともと鳥取から岡山へのアクセスは因美線が主要ルートとなっていたのだが、1994（平成6）年に智頭急行線が開通してからというもの、所要時間の面で大きく負けてしまい鳥取と岡山を結ぶ優等列車はそちらに持っていかれたのだとか。かつて因美線・津山線を走行してい

45日目　2023.3/25
## 7時間かけてとなりの駅へ……

た急行「砂丘」は智頭急行経由の特急「いなば」に取って替わられた。

列車の後方展望からちらっと線路の状態を見てみたのだが、因美線には枯れ草が生えている一方、智頭急行の方はコンクリートで囲まれ綺麗に保たれている。こんなところで持つものと持たざるものの差を感じた。

列車は山間をゆっくりゆっくり走行中。山道を走る車にも追い抜かれ、いくらなんでも遅過ぎだろうと外の様子を伺うと「25㎞」という制限速度の標識が目に付いた。

これはJR西日本のローカル線で時々目にするいわゆる〝必殺徐行〟という手段で、列車がある程度速い速度で走ると線路のダメージも大きくなるので、あえて遅い速度で走ることで保線作業の費用を削減しようという意図があるらしい。

まぁこれもあくまで噂で、倒木や落石防止が表向きの理由なのだそうだが……。


のんびりと進んでいくこと1時間ほどで東津山に到着。

ここで車両を撮影していると、なんと私のYouTubeの視聴者さんに遭遇。

聞くと「青春18きっぷ」の旅の途中らしく、東京から山陰を巡る旅をやっているのだそう。鈍行縛りの彼も彼で過酷な旅をしているようだった。

東津山から10時01分発の姫新線の普通列車に乗車していく。

またしても座席はロングシート。地元の人が乗ったり降りたりを繰り返す。

姫新線の沿線には結構桜の名所があるみたいで、志文《しぶみ》川沿いの桜並木も綺麗なんだそう。ただまだ満開ではなく5分咲きくらいだったが。

途中駅の佐用《さよ》で一度列車を乗り換える。

姫新線、乗り換えもあるし、長いし、のろのろ走るしで約2時間かかったがようやく姫路に到着。おそらく地域輸送が主な役割となっているので長く乗り続ける人はなかなか稀なのだろう。

朝から列車に乗り続け、お腹が空いてきたのでお昼ご飯がてら姫路市民のソウルフード「姫路タコピィ」の明石焼き風たこ焼きを食べに行く。

鉄道ファンには「まねきの駅そば」が人気だが、私はタコピィ派だ（運営元はどちらも「まねき食品」グループらしい）。

姫路風だからか普通の明石焼きとは違い、たこ焼きにソースをかけて出汁につけて食べるのだ。

出汁でふやふやになったたこ焼きは新食感で、姫路に来る度に食べている気がする。飽きない美味しさなのだ。

お腹を満たし、次は山陽本線で岡山へ。

列車は20分ほどで相生に到着。牡蠣の生産地として知られている地域だ。ここから乗り換えていくのは115系の黄色い車両。

姫路のソウルフード、明石焼き風たこ焼き。アツアツなので急いで食べるのが難しい。フワフワで美味しかった

45日目　2023.3/25

## 7時間かけてとなりの駅へ……

相生から東岡山までの区間は路線図で見ると赤穂線で行った方が距離が長いように見えるのだが、切符の料金計算上の営業キロは山陽本線の方が長くなっている。なのでどちらを選ぶかは最長片道切符を使う本人次第となるのだが、私はゴールに早く着くことが第一目標なので所要時間が短い山陽本線を選んだ。

車内には大きな荷物を抱えた高校生が多く乗っており、聞こえてくる会話によると明日から春休みらしい。

一瞬「いいなぁ」と思ってしまったが、はたから見ると私も長期休暇中のようなもんかと思った。

14時38分、岡山に到着。やっと着いた大都会岡山……。岡山はよくネット上で大都会と揶揄されている。

元ネタを辿ると、歌手のアンジェラ・アキさんがインタビュー番組で徳島から岡山へ引っ越した中学時代を振り返って「大都会岡山」と表現したことがきっかけらしい……。

徳島から岡山というのがこの逸話のミソなのであろう。

次の列車の出発まで30分ほどあったので大都会で途中下車してみたものの特に用事も見たいものもなく、ベンチでじっとしていた（大都会とは）。

続いては15時08分発、津山線の快速「ことぶき」に乗っていく。

この列車はかつて津山線・因美線で運行されていた急行「砂丘」が廃止された１９９７（平

成9）年から運行が開始された。岡山と県北の主要都市である津山への都市間の輸送を担っており「砂丘」の流れを汲む列車ともいえるだろう。乗り通す人が多いのか、車内はずっと混雑していた。

約1時間で津山に到着。津山といえば今日の朝ごろに降り立った東津山の隣駅。ちょうど7時間かけておとなりの駅にやってきた事になる。毎度毎度の事ながら一体何をやっているんだ。

そしてここから乗り換えていくのは姫新線なのだが、列車の本数が少なく、2時間ほど待ち時間が発生してしまった。まぁローカル線の旅は待ち時間ありきなので仕方がない。せっかくなので津山を観光することに。

ひとまず荷物をロッカーに預け身軽になると駅に貼られていたポスターが目についた。どうやら津山城で今日から「津山さくらまつり」が開催されているらしい。津山城は「日本さくら名所100選」にも選ばれていてソメイヨシノを中心に約1000本の桜が咲いているのだそう。2月から始めたこの旅でゆっくりお花見をするタイミングもなかったので津山城にお花見に行ってみることに。

駅から10分ほど歩いてさくらまつりの会場・津山城に到着。てっきり無料で入れると思ったら入場料がかかった。入場料は310円。

今日車窓から見た桜はまだ5分咲きという感じだったが、津山の桜は満開だった。せっかくなので石垣を登り天守台に登ってみる。

45日目　2023.3/25

## 7時間かけてとなりの駅へ……

列車の待ち時間に津山城でお花見。満開の桜はとても美しかった

津山城は1873（明治6）年に明治政府から発せられた廃城令によって天守が取り壊されてしまっている。もし現存していれば他に類を見ないほど巨大な4重5階の天守が見られたのだときく。残された天守台からは奇麗な桜と津山の城下町が見渡せた。

　さて美しい風景も見たということで、私は花より団子派。祭りには屋台も数軒出店していて、そこで津山名物「ホルモンうどん」を購入。

　津山地域は昔から畜産の流通の拠点だったこともあり、鮮度が高く臭みの少ない新鮮なホルモンが手に入ったのだそう。昨日も鳥取でホルモンそばを食べたのだが、地域が近いから名物も似通ってくるのだろう。ただ、屋台の焼きそばは屋台のクオリティだった（冷えていて固かった）。

　お花見をしていたら2時間なんてあっという間。列車の時間になったので急いで津山駅に戻る。

　続いて乗車するのは姫新線の普通列車。またしてもキハ120形、JR西日本の閑散路線を走る気動車だ。

　17時59分に津山を出発。列車は約1時間45分かけて新見《にいみ》へと向かう。

　乗車した時から車内は閑散としていたのだが、車内のトイレのランプがずーっと灯っていた。本を読んだりウトウトしたりして過ごしていたのだが、いつ見ても常にトイレに誰かが入っている状態。怪異的なものを感じて怖かった（体調的なものかもしれないが……）。

トイレを我慢しつつ新見に到着。新見で特急「やくも」に乗り換え、今度は倉敷まで。

特急「やくも」に使用されている381系は、国鉄時代に造られた振り子式の車両で、カーブに差し掛かるたび車体を傾斜させてスピードを落とさず進めるという仕組みになっている。ゆえに車体の揺れが大きく乗り物酔いしやすいのだ。

ネット上では「ゆったりやくも」というキャッチフレーズが「ぐったりはくも」と言い換えられていたりするほどに。

特急「やくも」で倉敷を目指す。381系は2024年6月末に定期運行を終了する予定

車内にはエチケット袋まで完備されている。

私はそんなに乗り物酔いをする方ではないのだが、持参したお酒とおつまみを食べたり飲んだりしていると流石に気持ち悪くなってきた（自業自得）。

「あんまり酷くなる前に寝てしまおう、寝てしまえば酔いなど関係ない」と思い、腕を組んで寝る体勢に入る。

乗車してから53分、倉敷に到着。爆睡をかましていたため到着のアナウンスで飛び起きた。

「やばい、降りなきゃ!!」アウターを羽織り、リュックを担ぎ、急いで列車から飛び降りる。その心臓のバクバクですっかり酔いは覚めてしまった。

46日目　2023・3／26

# まさかの運行休止？　この旅一番の不安な日

朝から雨が降っている。出発前に倉敷美観地区と呼ばれる白壁の古い街並みをぶらぶらしてみた。

何度か訪れたことはあるが、ここを散歩するのはほんとに楽しい。しかも人通りが少ない朝の、雨の美観地区は一段と美しく感じた。

駅に戻りまず最初に乗車していくのは山陽本線の普通列車。ここから広島へと向かっていく。

10時10分倉敷を出発。のどかな田園風景を走ること1時間ほどで広島県の三原に到着。

昔、この駅で降りて、お好み焼きを食べたことを思い出した。

ここから呉線の普通列車に乗り換える。

広島県の三原から海《かい》田《た》市《いち》を結ぶ呉線は、軍都として発展していた広島と旧海軍の軍港があった呉とを結ぶ軍事路線として開業したという歴史がある。

海岸線の近くを通り、車窓に広がる瀬戸内海の絶景を楽しむことができる呉線だが、軍事上の観点から窓の外を見えなくするように強制したという時代もあったのだとか。

途中の広で快速「安芸路ライナー」に乗り換える。

日本で唯一在来線特急が走っていない広島県内で、〝ライナー〟の名を冠して最高時速110㎞で走る快速列車だ。

使用されている車両は227系の「レッドウィング」。その名の通り赤の〝カープカラー〟になっている。列車は安芸の海と島々を望みながら海辺を走る。

車窓からの景色が市街地になってきたかと思ったらマツダスタジアムが見えてきた。

今日は日曜日で広島東洋カープと福岡ソフトバンクホークスの試合があるらしい。

スタジアムに詰めかけるカープファンのユニフォームは赤くその光景に「ほんとに赤いんだー」と感心してしまった。

13時53分広島に到着。

今日の行程では広島から芸備線に乗り換えるのだが、

海岸線ギリギリを走る呉線からは穏やかな海、遠くに浮かぶ島々の絶景が堪能できる

ここで問題が発生した。

ちょうど3日前に発生した落石の影響で芸備線の東城～備後落合《びんごおちあい》間で運行取りやめになっているのだ。

新見方面に行く芸備線の列車は通常でも１日３本とかなり不便を極めているので、この旅でも難所のひとつとして覚悟はしていたのだが、まさか3日前の落石で不通になるなんて……。

「先に進むにはどうしたら……?」と駅員さんに尋ねてみると備後落合から先はバスによる代行輸送が行われているらしく、旅を中断ということにはならなさそう。

事故発生の翌日から代行輸送は行われていてＪＲ西日本の迅速な対応のおかげで道は通じているようだ。

一安心したところで駅ビル内のお好み焼き屋さんで牡蠣お好み焼きを食べた。


そしていよいよ芸備線へ。

広島から岡山県の備中神代《びっちゅうこうじろ》を結んでいる芸備線。

実は日本一の赤字路線と言われていて、約１６０㎞に及ぶ全区間で赤字なのだそう。

しかし、15時58分発の快速三次《みよし》行きに乗車した際には車内が混み合っていて座れないほどだった。

「これは本当に赤字路線なのか……?」と疑ってしまったのだが5駅先の下深川《しもふかわ》までで乗客のほとんどは降りてしまい車内は一気にガラガラになった。

比較的輸送密度の高い広島から下深川までの区間も、運転や保線作業にかかる費用が運賃収入を上回っているのだとか。

乗車してから1時間ほどで三次に到着。

直通列車はないのでここで備後落合行きの普通列車に乗り換える必要がある。乗り換え時間はなんと1分。

車両を撮影していたら危うく乗り遅れそうになった。

17時23分、三次を出発。たまに高校生の乗り降りはあるものの車内はガラガラ。

列車は山間をかなりゆっくりと進んでいく（必殺徐行）。

どんどん日が落ちて、あたりが真っ暗になった頃にようやく備後落合に到着。ここまでやってきた乗客は私1人だけだった。

備後落合はかつて山陰と山陽を結ぶ交通の要所として多くの列車が発着し栄えた駅なのだが、時代の流れには逆らえず、沿線地域の過疎化や道路網の発達などで現在の乗降客数は1日7人という秘境駅となっている。

現在でも一応、芸備線と木次《きすき》線の乗り換え駅であるにもかかわらず……。

ここから先、私が進むべき新見方面にいく列車は1日3本しかない。しかも現在は不通。

代行バスは通常のダイヤに合わせてくるということなので次の列車の時間の20時12分までの

46日目　2023.3/26

## まさかの運行休止？　この旅一番の不安な日

周囲に何もない“秘境駅”備後落合で次の列車を待つ。待合室には国鉄時代の写真等も飾られていた

1時間ほどを1人で過ごさなければならない。

周りに民家もない山中の秘境駅は静かで、自分の足音だけが響いていた。

とりあえずここで過ごすかと待合室のドアを開くと、そこにダンディーなおじさんが座っていた。

「こ、このおじさんは私にしか見えないなんてことはないよね……！」

と心の中で驚きながら「こんばんは」と声をかける。

すると笑顔で「こんばんは」と返してくれて少しほっとした。

こんな夜の秘境駅に誰かいるなんて考えもしていなかったのだが、聞くと木次線で夕方に到着してからこの駅でなんと3時間以上も列車を待っているのだとか。

鉄道マニアならダイヤを調べてきていないはずはないと不思議に思ったのだが、おじさんは作家・松本清張のファンらしく、小説『砂の器』のロケ地巡りをしていたというのだ。

木次線の亀嵩《かめだけ》が小説『砂の器』の舞台の地となっているのだそう。

一方、鉄道のことはからっきしのようで、この先1日3本しかないダイヤも落石で不通になっているという事情もまったく知らなかったと言っていた。

自販機もないこんな山奥でよく3時間も過ごせたなとある意味感心してしまった（電波は入ったのでＮｅｔｆｌｉｘを見て時間を潰していたのだそう）。

そんなことを話していたら駅に1台の車がやってきた。

昼間は代行バスでの輸送になるらしいのだが、夜はほとんど乗客がいないので代行タクシーがやって来たのだ。事実、この日の乗客は私とおじさんの2人だけだった。

ダイヤ通り備後落合を出発した代行タクシーは不通になっている区間の駅にも立ち寄って、運転手さんが待っている乗客がいないかの確認作業を行っていた。


不通となった東城から備後落合の区間は日本で最も営業成績が悪い路線として知られており、その証拠に落石事故があった時の乗客は0人。

怪我人もいなかったのだそう。

不幸中の幸いだが、普段の利用客の少なさが目に浮かぶようだ。

そんな山の中の秘境区間をタクシーで走ること50分ほどで東城に到着。東城から普通列車に乗り換え芸備線の終点備中神代まで向かう。

30分ほどで備中神代に到着。

芸備線の終点はここ備中神代なのだが、運転系統上列車は新見まで向かう。ダンディーなおじさんとはここでお別れ。お互い「いい旅を」と言いながら別れた。

46日目　2023.3/26

## まさかの運行休止？　この旅一番の不安な日

次に乗っていくのは伯備線の普通列車。

列車がくるまで30分ほど待ち時間があったので、待合室で待っていようと思ったのだが、プレハブ小屋のような小部屋の灯りには無数の虫が群がっていて、床には虫の死骸が落ちている。さっきの備後落合の方がよっぽど環境が良かったと思いながら1人孤独に列車を待った。

22時02分、今日の最終列車がやってきた。

伯備線の列車は伯耆《ほうき》大山《だいせん》で山陰本線に乗り入れているので、そのまま鳥取の米子まで向かう。

列車に乗り続けること1時間26分でついに米子に到着。

今日が旅の中で一番不安なルートだったが、いい出会いもありなんとか乗り越えられた。

備後落合からは代行タクシー。タクシーの運転手さんは不通区間の駅で待っている人がいないか確認していた

47日目　２０２３・３／27

# 未知との遭遇で急遽予定変更

今日は鳥取県の米子から旅のスタート。

「海、山、旅のドラマは米子駅から」というスローガンが駅の跨線橋に書かれており、それをくぐる形で列車が入線してくる。

旅情を感じられてとっても好きな光景なのだが、駅舎のリニューアル工事に伴いこのスローガンが書かれた跨線橋も解体されてしまうらしい。

いい言葉だから残しておけばいいのにと思う。

今日はじめに乗車していくのは2両編成の「スーパーおき」。2両しかなく地味な見た目なのだが鳥取から新山口までの３７８㎞を5時間以上かけて走る超ロングランなディーゼル特急だ。

元々の愛称は「おき」だったそうだが、２００１年に車両がキハ１８１系からキハ１８７系に変わったことで頭に「スーパー」がついたのだそう。

47日目　2023.3/27

## 未知との遭遇で急遽予定変更

もしまた車両が変わるとしたら「ハイパー」になるのかもしれない。

列車は10時10分に米子を出発。山陰本線を走っていく。

最高速度は時速１２０㎞。車体に制御付き自然振り子装置が搭載されているのでカーブに差し掛かるたび車体を大きく傾けてスピードを落とすことなく進むことができるのだ。おかげで新幹線のない山陰地方での高速移動が可能となっている。

まぁかなり揺れるので乗り心地が良いとは言えないのだが……。

米子を出発するとすぐに島根県との県境に差し掛かる。

島根県の県庁所在地である松江を通過後、全国で7番目に大きな湖である宍道《しんじ》湖が見えてきた。

知らずに眺めると穏やかな海と見間違えそうになるが、車掌さんによる案内放送で「宍道湖はシジミが有名で〜。夕日が綺麗で〜」といろいろ解説してくれる。

宍道湖が見えなくなると列車は出雲平野を南西へ進んでいく。

出雲市を出発してから列車はしばらく日本海のすぐそばを走り続ける。エンジン音をＢＧＭに荒々しい日本海の絶景が楽しめるのだ。

石見銀山で有名な大田市に近づくと、車窓から見える民家の屋根瓦が黒から赤茶色に変わっているのに気づく。この赤い瓦は石州瓦という名前で島根県西部の石見地域で４００年前から作られ続けているのだとか。海に映える赤瓦の集落もまた美しい。

12時44分、益田に到着。

益田からは先は山口線を通って内陸を走っていく。

山口線は山陰と山陽を南北につなぐ陰陽連絡線のひとつで、中国山地を横断する形で走っている。

列車は県境を越え山口県に突入。しばらく平原と田んぼが続くのどかな車窓が続く。

米子から乗車して約4時間。

車窓が街中の風景へと移り変わり「もうそろそろだなぁ」と時刻表を眺めると、終点新山口の一つ手前に「湯田温泉」という駅を発見した。

湯田温泉という名前は聞いたことがあったのだが、山口県にあったんだと今しがた知るほど縁がなかった温泉地だ。

そんな未知な温泉地との遭遇に「ここで降りて温泉に行くのもありかもな」と思ってしまった。

24日に大阪を出発してからノンストップで移動をしていたのでギリギリだった切符の有効期限にも多少余裕が出てきたのだ。

14時11分、列車は湯田温泉に到着。予定には無かったがふらっと途中下車することに。

湧き出た温泉で白ギツネが傷を癒していたという言い伝えが残る湯田温泉。駅舎の横にはでっかい白ギツネのモニュメントが建っていて、なんと8ｍあるらしい。笑ってしまうほどにデカい。

47日目　2023.3/27

## 未知との遭遇で急遽予定変更

めちゃくちゃデカい白ギツネのモニュメント。駅前にはほかに温泉地らしく足湯もあった

湯田温泉は山口市内にある歴史ある温泉街だが、古臭さは全くなく繁華街の中に旅館やホテルが点在しているといった様子だ。

大通りにはチェーン店やファミレスもありながら街中の至る所に足湯があり、詩人「中原中也記念館」などの観光スポットもあるので温泉街の雰囲気も十分楽しめる。気負わないカジュアルな温泉街といった感じ。

この気楽さが一人旅にはちょうどいいように思える。今日は「ユウベルホテル松政」というちょっといいホテルを予約した。

通されたのは和室の畳敷きのお部屋。コロナ禍からなのか、部屋に布団が敷きっぱなしになっているので到着してすぐにごろごろと過ごせる。

旅館で女将さんが布団を敷きにくるときの間を持たせる会話が世の中で一番苦手なので、コロナ禍が完全になくなっても布団は基本敷きっぱなしでいい。

温泉に入ったり、出たりぐだぐだと過ごし、気づけば20時をすぎていたのでホテル近くの居酒屋で晩ご飯を食べにいくことに。

地元の食材を使った観光客に人気の居酒屋に入る。山口といえばフグなのでフグ刺しを注文。少量なのに2200円もするフグ。

淡白な味だったが、山口に来たという感じがした。

隣のカウンターには観光で来ていたらしい大学生2人組の男の子が座っていて、そのまた隣の席には常連客っぽいおじさんが1人でいた。おじさんはその子達に「いいよ～飲め飲め～」お酒をご馳走していて「ここでこんな出会いがあるとはなー」と顔を赤くしながら語っていた。

結構酔っ払っているおじさんの話に相槌を打ちながら素直に聞いている若者2人組。その姿に「なんて奢りがいがありそうな子達なんだ」と思った。

一方、私はふぐを1人で食べるのにも正直寂しさを感じていたので、タイミングが違えば私が奢ってあげたのになぁなんて事を考えてみたり。実際にそんなコミュ力があるかはまた別の話だが。


夜はまた温泉へ。美人の湯と言われる温泉は非常によかった。何がよかったかというと浴槽で足が伸ばせた所だ（あたりまえ）。普段のビジネスホテル泊とは違い湯田温泉での滞在は大満足だった。

そして明日はいよいよ九州へ上陸する予定だ。

山口県で一番食べたかったフグ。淡白で上品なお味。今日はいいホテルに泊まったし贅沢三昧だ

48日目　2023・3／28

## 関門トンネルを抜け、ついに九州上陸

朝から温泉に浸り、名残惜しいからと駅の足湯にも浸かり、ギリギリまで楽しんだ湯田温泉から旅の再開。

最初に乗る列車は9時36分発山口線の普通列車。

本来ならば昨日「スーパーおき」で一気に駆け抜けた区間を普通列車でごとごと走っていく。

20分ほどで新山口に到着。ここから山陽本線の列車に乗り換えさらに西へと向かう。

10時05分発の普通列車に乗り25分ほどで宇部に到着。

ここから乗車していくのは改札からやや離れた0番線に停車している宇部線の黄色い列車。行き先表示を見てみるとなんと新山口となっている。

これは今しがた来た道をもう1回戻るのかというとそういう訳ではなく、宇部線は瀬戸内海、周《す》防《おう》灘に沿うように新山口へと向かうのだ。ただ新山口はさっき通ったので今回は途中駅の居能まで。乗車してから8分で居能に到着。

ここでは次に乗る小野田線への接続が悪くて居能で2時間待ちとなったのだが、駅周辺には

びっくりするほど何もなかった。

無人駅といえど一応乗り換え駅なので何かあるだろうとやって来たのだが、近くにコンビニも食堂もない。かろうじて「公文《くもん》（学習塾）」があるだけだった。

居能ではどうやったって時間をつぶせそうにないので隣駅の宇部新川まで歩いて行くことに。暑くもなく寒くもない春の陽気の中、1・6㎞歩いて宇部新川まで辿り着いた。

宇部新川は宇部市の中心駅というだけあって飲食店やビジネスホテルが建ち並んでいる。

そして宇部市はアニメ『エヴァンゲリオン』の総監督・庵野《あんの》秀明《ひであき》さんの出身地ということで、アニメや映画にたびたび宇部の街並みが登場しているのだ。

駅には碇シンジが座っていたベンチがあったり、映画のポスターに登場した踏切があったり。ファンにとってはここは聖地となっている。

私も熱狂的なファンではないが一通りはみていたので街に散らばる作品の痕跡に興奮してしまった。

お昼ご飯もアニメに登場してるラーメン屋「一久」へ（アニメではカップラーメンのパッケージに店名が描かれていた）。

店員さんにおすすめを聞くとチャーシュー麺とのこと。昔ながらのラーメンといった感じで美味しかったのだが、よくよく考えるとアニメで綾波レイが屋台で食べていた「にんにくラーメン、

宇部線の105系。行き先は新山口だが今回は宇部から2駅先の居能までと短い移動だ

48日目　2023.3/28

## 関門トンネルを抜け、ついに九州上陸

チャーシュー抜き」にすればよかったなと後から思った（ニワカだった）。

聖地巡礼していたら2時間なんてあっという間。

次に乗っていくのは13時06分発、小野田線に直通する普通列車。

小野田線の起点は隣駅の居能なのだが、運転系統上宇部新川にも発着するので最長片道切符の区間外の1駅分の切符を別途購入しそのまま終点小野田まで向かうことができる。次の駅で再び居能に停車したが、やはり何もない駅だった。

途中海が綺麗な区間を通って30分ほどで終点小野田に到着。小野田は朝に到着した宇部の隣駅だ。次は山陽本線下関行きの列車。いよいよ下関方面に向かうのかと思いきや今日はまだ山口県内でぐるぐるしなければならないようで……。

小野田のおとなり厚狭《あさ》で下車。

ここから山口県を南北に貫くローカル線、美祢線に乗り換えて日本海側まで向かう。

美祢線は2～3時間に1本列車があるかという閑散としたローカル線なのだが、料金計算上は東海道本線などと同じく〝幹線〟として扱われている。

かつて石灰石などの貨物輸送が盛んで、1日に30往復以上貨物列車が走っていたことから主要路線に区分けされたらしいのだが、石灰石輸送がトラックに切り替えられた今ではディーゼル列車が行き来するだけの赤字ローカル線となっているのだ。

赤字ローカル線御用達のキハ１２０形の車両に乗り込み14時44分、厚狭を出発。列車はしばらくの間厚狭川に沿って田園地帯を走っていく。

30分ほどで美祢線の主要駅である美祢に到着。ここは山口県の有名観光地・秋吉台と秋芳洞の鉄道での最寄り駅。ここは一度訪れてみたいとずっと思っている。

約1時間列車に乗り続け終点の長門市に到着。

ここで珍しい光景をみた。

長門市駅の使われなくなった路線を「123番線」と名づけて線路上に真っ赤な鳥居がずらーっと並んでいるのだ。その数なんと20基ほど。

これは地元の観光名所「元乃隅神社」をイメージした鳥居のオブジェなのだそう。時間がなくて観光できずともなかなか圧巻な光景に行った気になれそうだ。

さて、ここから山陰本線に乗り換えていよいよ下関を目指していく。

16時34分、長門市を出発。しばらく進んでいくと車窓に海が見えてきた。地図を見ると響灘と書いてあって、関門海峡の北西に広がる海域なのだそう。

海を隔てた向こう側に九州がある。九州に入るといよいよ最長片道切符のゴールがみえてくる。列車に揺られながら少し感慨深くなってしまった。

1時間20分ほどで小串に到着。

ここで系統が分離されているので同じ路線、同じ普通列車にもかかわらず乗り換えが発生する。だが、接続の列車に乗り遅れてしまった。

次の列車は30分後、目の前で置いて行かれるというのは案外ショックなもので、沈んだ気分で駅の外へ出た。小串駅から少し歩けば海水浴場があるらしい。

48日目　2023.3/28

## 関門トンネルを抜け、ついに九州上陸

海開きがまだ先の海水浴場には誰もおらず目の前に広がる景色を遮るものは何もない。感傷に浸るにはぴったりな海には真っ赤な夕日が沈みかけていた。海と沈んでいく夕日を横目に再び列車に揺られること40分ほどで下関に到着。

次が本州で最後に乗る列車。この列車で関門海峡を渡りいよいよ九州へと進むのだ。行き先表示も北九州市の小倉となっている。19時42分、下関を出発。

海底8ｍに建設された世界初の海底トンネル「関門トンネル」。列車は海に吸いこまれるようにトンネル内に進入していく。

トンネル内を走りそろそろ抜けたかなぁと思ったその瞬間、急に車内の電気が消え真っ暗になった。

これは本州と九州で電化方式が異なるため、切り替わるタイミングで電気が通っていないデッドセクションを通ることで一時的に車内の電気が消えるという現象だ。

通勤客はこれが日常なので灯りが消えてもうんともすんとも反応しないのだが、私はこれを体験するとついに九州に来たとテンションが高まるのだ。

19時49分、門司に到着。列車はここから鹿児島本線に乗り入れるので乗り続けたまま小倉まで向かう。19時56分、小倉に到着。

2月21日から始まった本州の旅。

行ったり来たり立ち止まったりを繰り返しながら3月28日に北九州の小倉に到着。

いやー長かった。ほんとに長かった。

49～50日目　2023・3／29～30

# 日本一長い特急で一気に南下

もうゴールまでの日数を逆算できるまでになった。この先、小倉から九州の輪郭をなぞる様に南下し、北上。博多あたりの短い乗り換えをこなしながら西九州へ抜ければゴールである長崎県の新大村に到着する。イメージではあと3日、頑張れば2日でゴールに到達できるだろう。

今日は小倉から日豊本線で九州を縦断していくのだが、日本で一番長い距離を走る在来線昼行特急「にちりんシーガイア」に乗っていくことにする。「にちりんシーガイア」の運行区間は博多～宮崎空港間の413・1㎞なのだが、最長片道切符では小倉から乗り込むことで一気に宮崎まで駒を進めることができる。

本当は昨日のうちに出発してもよかったのだけど「にちりんシーガイア」にせっかく乗るなら1編成に1部屋だけのグリーン個室が取りたくて日程を探っていたのだ。

ただ、1室だけしかないので直近はどれも売り切れ。空くのを待っていたら切符の有効期限が切れてしまう。

## 日本一長い特急で一気に南下

なら、グリーン車で行くかと思ったのだが、「にちりんシーガイア」にはグリーン席の上位互換、1編成にわずか3席しか用意されていない「DX（デラックス）グリーン席」というシートが存在しているそうで、そのチケットはかろうじて取ることができた。

8時52分、小倉駅に「にちりんシーガイア」が入線してくると、将来有望そうな鉄オタキッズが「おっきいにちりん、おっきいにちりん」とオリジナルソングを歌い出した。それを聴きながら列車に乗り込む。

デラックスグリーン席は1号車の最前列にあり、普通のグリーン席と区別するようにガラス一枚で隔たれている。

座席にはリクライニングボタンもあり、MAXで倒すと144度も傾くのだそう。完全に寝られる角度だ。

デラックスゆえに服をかけるハンガーなどの設備もあってもうここで暮らせそうな気さえしてくる。

ただ、飛行機のファーストクラスや新幹線のグランクラスのような特別なサービスはないので、ガラス越しに覗く他の人への少しの優越感の為に高いお金を払っている、そんな気がした。

8時34分、「にちりんシーガイア5号」は小倉を出発。ここから日豊本線を通り九州の東側の海沿いをずっと南下していく。

しばらくは市街地を通っていたのだが、九州は山が多いので都会の中でも山が見える。

途中の周防灘に沿って走る区間、目を凝らすと本州の山口県が見えてくる。一昨日まではあちら側にいたのだ。

列車は県境を流れる山国川を渡り大分県へと入る。しばらくはのどかな風景が続くのでリクライニングを倒してぼーっと過ごす。

デラックスグリーンは3席あると言ったが、鉄道ファンらしき人が通路を挟んで窓際に1人座っていて、その人が時々立ち上がり前面展望を撮影していた。

私もYouTuberなので要所要所で前面展望を撮りたい。

列車の外はのどかでも「にちりんシーガイア」のデラックスグリーンの座席内では静かに前面展望の取り合いが繰り広げられていた。ただ、無言の争いにも疲れ、座席の窓からの景色でいいやと思い始めた時、その彼に声をかけられた。

「アンドロイドのお姉さんですか?」

なんと彼は私の視聴者さんだったらしく「動画見てます」と言われた。

冷静に考えてファンと前面展望を取り合っていたなんて恥ずかしいにもほどがある。それ以前にもリクライニングをMAXで倒し、偉そうに腕を組んで寝ていたのを見られてたかと思うと顔から火が吹き出しそうなほど恥ずかしくなった。

ただ、彼と話してみるとかなり親切な人で「次の区間はこの日豊本線の見どころになるので絶対抑えた方がいい」とアドバイスをくれて、シャッターチャンスに差し掛かると自分もきっと撮影したかっただろうに前面展望を譲ってくれたのだ。

さっきまで敵対視してごめんなさいと心の中で謝った。

9時52分、別府に到着。別府には「別府八湯」と呼ばれる8つの地区の温泉があり、それぞれ源泉が異なる温泉が噴出している。

遠くに見えるのは明礬《みょうばん》温泉だろうか、山の至る所で湯気が立ち込めている。初めてきた時は山火事かと思ったのだが、これは別府でよく見る光景、温泉の湯けむりなのだ。

10時08分、県庁所在地の大分に停車。

ここで気づいてしまったのだが、「にちりんシーガイア」に乗ると温泉県である大分をほとんど素通りすることになってしまう。一気に進めるのはありがたいが少しもったいない気もしてきた。

その後も列車は海沿いを走っていく。11時06分、佐伯を出発ししばらく進んでいくと風景は一変。気づけば森の中を進んでいる。

佐伯から延岡までの区間は普通列車が1日なんと3本しか走っていないという超閑散区間。

この区間は大分と宮崎の県境・宗太郎峠を越えてゆく

特急「にちりんシーガイア」のデラックスグリーン席。
これは寝台料金をとられてもおかしくないレベル

ことから通称「宗太郎越え」と言われ日豊本線の一番の難所として知られている。

特急ではもちろん通過なので到達難易度が高い宗太郎駅は秘境駅マニアの中でもスーパー秘境駅として名を知られている。降りてみたい気もするが絶対今ではない。列車は宗太郎峠を越え、宮崎県に入っていく。

途中、新幹線の高架橋のようなものと並んで走っていく区間があった。

佐伯を過ぎ気づけば森の中を走っていた。佐伯〜延岡間にある宗太郎は秘境駅といわれるが車でアクセスできる

こんなところに線路はないはずなので一体何だろうと思って見ていたのだが、これはリニア実験線という国鉄時代にリニアモーターカーの走行試験が行われていた跡なのだそう。こんな巨大なものが日豊本線と並行して７㎞も続いているという光景がなかなか面白い。

さてそろそろ長かった「にちりんシーガイア」の旅も終わりに近づいてきた。

車窓から見える一際高層の建物は「フェニックス・シーガイア・リゾート」という複合施設。現在乗車している特急「にちりんシーガイア」の〝シーガイア〟もそれに由来しているのだとか。バブル期に計画された地上１５４ｍの高層ビルは１９９４（平成６）年の完成当時、九州で一番高いビルとして存在感を放っていたのだそう。

## 日本一長い特急で一気に南下

約4時間半の乗車だったのだが、デラックスグリーンのおかげで疲れ知らず。13時07分、宮崎に到着。

宮崎の駅前にはヤシの木が植えられていて、なんだか南国のような雰囲気がある。

朝から列車に乗り続けお腹が空いたので宮崎名物「チキン南蛮」発祥のお店へ。人気店なだけあって15分ぐらい待って入店。注文はもちろんチキン南蛮。タルタルソースがこれでもかというほど盛られている。柔らかなチキンと衣とタルタルソース。この絶妙なバランスがよくてかなり美味しい！　タルタルソースが濃いめの味で案外白ご飯とも合う。ただ、ボリュームがすごくて、年々油っぽいものが食べられなくなってきた現実を思い知らされた。

駅に戻ってまた移動していく。

次に乗っていくのは再び日豊本線。日豊本線は九州では最も長い在来線の鉄道路線なので、午前だけで終わりではなかったのだ。

こんどはCTと書かれた普通列車に乗って都城を目指す。CTとは「Ｃｏｍｍｕｔｅｒ Ｔｒａｉｎ」の略で、要するに通勤列車ということだ。

14時48分、列車が宮崎を出発すると、すぐ大淀川を渡っていく。その後のどかな田園風景を越え、険しい山道を走っていくのだ。その間線路の状態がよくないのか車体が結構揺れる。会社に着くまえに体力を削られそうな区間だ。

15時58分、都城に到着。都城は宮崎県で2番目に大きな都市。ここからローカル線の吉都線に乗り換えていく。

ホームで待っていたのはキハ40系。ＪＲ東日本やＪＲ東海でキハ40系の定期運用が終了したのとは対照的に、ＪＲ九州ではキハ40系が現役で活躍している路線が多々ある。吉都線もそのひとつ。

年季を感じる車内。窓が茶ばんでるのは経年劣化なのか火山灰なのか。

16時9分に都城を出発した列車は高原を駆けていく。途中駅に〝高原〟という駅があるので、標高の高いところを走っているのは間違いなさそうだが駅の呼び名は「タカハル」なのだそう。ややこしい。

17時52分、終点の吉松に到着。ここでも視聴者さんに声をかけられた。私の九州での人気が異様に高いのか、それとも最近マスクを外しがちだからだろうか。

次は肥薩線に乗り換える。またしてもキハ40系。

肥薩線は2020年7月の熊本豪雨で甚大な被害を受けて吉松～八代《やつしろ》間が現在でも不通状態が続いているらしい。

ただ、これから乗る吉松～隼人間は運行しているので乗車していくことに。うっすらと暗くなっていく車窓を眺めながらうとうとしていた。

19時3分、終点隼人に到着。ここから特急「きりしま」に乗って再び日豊本線に乗車。朝に乗った「にちりんシーガイア」と同じ787系の車両。今回は長時間乗車ではないので自由席にしておいた。

出発してから30分ほどで鹿児島中央に到着。夜なので桜島は見えなかった。

「にちりんシーガイア」のおかげとはいえ九州を一日で一気に南下してきた。最長片道切符のゴールはここ鹿児島県ではないのだが、鹿児島に着いたので日本縦断はもう達成したものといっても過言ではないだろう。

吉都線から乗車したキハ40系。かつては吉都線を経由する特急も多く走っていたのだそう

51日目　2023・3／31

## 観光客に交ざり名物観光列車に乗車

9時30分発の鹿児島本線川内行きの普通列車に乗っていく。駅を出発してすぐに日本最南端を走る指宿枕崎線と分岐。最北端から始めた旅だが、最南端にいく余裕はないのだ。列車は噴煙を上げる桜島を背に鹿児島市街地を走り抜けていく。

10時09分、川内と書いて〝せんだい〟駅に到着。この旅で2度目の〝せんだい〟だ。東北にいたのがもうはるか昔のことのように感じる。

この駅で少し乗り継ぎ時間があったので朝ご飯を探しに駅直結のショップへ。ショップにずんだ餅はなかったものの衝撃的な名物を見つけてしまった。その名も「ちんこ団子」。かなり注文しにくい名前をしている南のせんだい名物。

この強烈な名前の由来は諸説あるようなのだが、鹿児島弁で小さいだんごのことを「ちんかだんご」というらしく、それがなまって「ちんこ団子」となったのだそう。

朝ご飯として2本買った。素朴な味で小さいから何本でも食べられそうだった。面白い名物と出合ったところで次は九州新幹線に乗車していく。東北の仙台と同じく鹿児島

51日目　2023.3/31

## 観光客に交ざり名物観光列車に乗車

の川内も新幹線との乗り換えができるのだ。

この先の区間において、路線図的には在来線の方が距離は長そうに思えるのだが、川内〜八代間は第三セクターの肥薩おれんじ鉄道を挟むのでJR縛りの最長片道切符の旅では九州新幹線を使うことになる。

新幹線は県境を越え熊本県に入って行く。乗車してから30分ほどで熊本県の新八代に到着。駅には「くまモン」がいる。くまモンは老若男女に愛されているからすごい。それと並ぶように八代市出身の八代亜紀《やしろあき》さんの絵が飾られていた。くまモンと肩を並べる八代亜紀さんもすごい。

新八代から再び鹿児島本線に乗り換えてこのまま一気に北上。福岡県の久留米を目指す。12時9分発銀水行きの普通列車に乗り込んでいく。のどかな田園風景が続くなか熊本県の県庁所在地の駅・熊本も通り過ぎる。熊本駅には首から上だけの巨大くまモンがいるらしい。私も〝生首くまモン〟を見てみたいものだ。

途中の荒尾で一度乗り換えがあった。荒尾は熊本県最北端の駅。

出発した列車は福岡県に向かって進んでいく。2時間10分で福岡県の久留米に到着。ちょうど次の列車まで1時間ほど時間があるのでここで遅めの昼食を取ることに。

久留米といえば豚骨ラーメン発祥の地。ただ、JR久留米駅よりも2㎞ほど離れた西鉄久留米駅周辺の方が街が栄えているらしく、食べログ上位のお店は軒並みそちら側にあった。

一杯のラーメンのためにそこまでいく情熱もないので駅に入っているチェーンのラーメン屋

さんで豚骨ラーメンを食べる。

本場の豚骨ラーメンは美味しいのだが獣臭かった。ただ臭ければ臭いほどいいというセオリーもある（多分ね……）。

ラーメンを食べ終えベンチでぼーっとしていると駅前のからくり時計が動き出した。これは日本の近代技術の発展に大きく貢献した、郷土の偉人・田中久重をモチーフにしたからくり時計で、なかなか立派な仕掛けに興味深く見ていたのだが、私以外に誰も足を止めようとはしなかった。日常的に動いているると珍しくもなくなるんだろうな。

からくり時計のストーリーを全て見ていたら次の列車を逃してしまうので途中で切り上げてホームに向かう。私が抜けたら見物客は誰もいなくなった。

久留米といったら豚骨ラーメン。食べたのは「かさね豚骨しぼりラーメン」。くどくなくスルスル食べられた

次に乗車するのは久大本線の特急「ゆふいんの森」。

「ゆふいんの森」は博多から由布院を経由し別府を結ぶ観光列車。観光列車とはいえ毎日運行なので余裕で席をとれるだろうと久留米についてからチケットを手配したのだが、ほぼ満席だった。春休みシーズンの観光列車は舐めてはいけない。

51日目　2023.3/31

## 観光客に交ざり名物観光列車に乗車

というわけで15時12分、久留米を出発し由布院に向け走っていく。

座席に座ったはいいものの外国人観光客御一行に囲まれ、私を挟んで会話が繰り広げられる始末。

肩身が狭くなりデッキ部分のパブリックスペースに移動。売店で買った抹茶アイスを頬張りながら車窓を眺める。

列車で40分ほど走ると日田の街が見えてきた。最長片道切符のルート通りに行くならば日田で降りて乗り換える必要があるのだが、今日はこのまま乗り続け由布院まで寄り道することに。だってせっかく九州にきたのに温泉に行かないなんて許されない気がする。

天ケ瀬を過ぎると進行方向右手には珍しい二段落しの「慈恩《じおん》の滝」が現れる。車内アナウンスもありスピードも落としてくれるのでシャッターチャンスとなる。私も何枚か写真を撮ってみたがカメラ越しでもマイナスイオンを多少感じられる気がする。

由布院に近づくと車窓から由布岳が見えてくる。この壮大な景色を見たくて由布院に来たまである。

16時50分、由布院に到着。思いつきで来てしまったので超過分の乗車料金を窓口で精算。駅から一歩出ると目の前に由布岳がドーンと広がる景色。いつ見てもこの景色の美しさに心奪われるのだ。

とりあえず温泉街のメイン通りを歩いてみたのだが、到着したのが17時ということもありもうほとんどのお店が閉まりかけていた。

由布院に来る観光客は旅館で晩ご飯を食べることが多いのだろうか、この街の夜は早いみたいだ。

そして温泉街道の最奥部にある金鱗湖にも行ってきた。観光客がひいた後の金鱗湖は静かで、水面に山並みが映っている。まるでジブリの映画に出てきそうな幻想的な風景。やっぱり由布院に来てよかったと思わされる。

ただ、ここからホテルまでが遠かった。由布院で急に予約がとれる宿なんてアクセスが悪いか極端に高いかの二択ぐらいだろう。私は前者だった。

駅前にはいたタクシーも金鱗湖までくるともう見当たらない。途方に暮れて宿までの30分の道のりを10kg近い荷物を担いでトボトボ歩いていると旅行中の視聴者さんに遭遇。

お喋りついでに今の悲惨さを愚痴っていたら、なんと善意で車を出してくれることに。ずっと鉄道旅をしてきたはずが、(唐突に)貧乏バックパッカーみたいな事をしてしまった。宿まででは10分足らずのドライブだったが車で通る「やまなみハイウェイ」の美しさは鉄道旅では味わえない。これぞ寄り道旅の真骨頂といえる道のりだった。

ホテルまで送ってくれた優しい視聴者さんに別れを告げ本日の宿に到着。

今日の宿はもともと保養所だった建物をリノベーションしたらしく、壁が薄かったり足音が響きやすかったりするのだが、高級志向の宿が多い由布院ではこうした宿の方が性に合ってい

51日目　2023.3/31

## 観光客に交ざり名物観光列車に乗車

車から眺める「やまなみハイウェイ」の景色。鉄道だけでは見ることができない絶景も楽しめた

る（お財布事情的にもね）。

ご飯も気取らずスーパーのお惣菜。

旅行でスーパーのお惣菜とは寂しいと思われるかもしれないが、地域密着のスーパーのお惣菜こそ、その土地のグルメのポテンシャルがはっきりと分かると思っている。九州のお刺身は美味しい。３割引シールが貼られていてもきっとそれは変わらない。閉まりかけていたスイーツ屋さんで買った温泉プリンも美味しく食べ、ビールも久しぶりに飲んだ。

あとは温泉に入って寝るだけ。決められたルートからはみ出して、寄り道するのもたまには大事なことなのである。

# 旅は道連れ世は情け

4月になってしまった。世間では今日から新生活が始まるのだろう。

ただ、私は引き続き最長片道切符の旅を遂行中。もう切符もボロボロになってきた。所々破れていてゴミに間違えられそうな見た目。こんなものをホテルに忘れなんかしたら捨てられてしまうだろうから今頃慎重に保管し始めた。

今日最初に乗る列車は7時33分、日田行きの普通列車。宿と駅が遠かったので6時に起きる必要があった。

由布院は寄り道しただけで最長片道切符の区間外なので普通に切符を購入し昨日通った道を引き返す。普通列車だと「慈恩の滝」もスッと通り過ぎていく

列車は約1時間で日田に到着。日田に到着するやいなや漫画『進撃の巨人』のリヴァイ兵長の垂れ幕がお出迎えしてくれた。

日田は『進撃の巨人』の作者・諫山《いさやま》創《はじめ》先生の出身地なのだそう。それゆえ駅のいたるところに進撃のキャラクターがいるのだ。よく見るとロゴマークも〝進撃の日田〟となっている。

由布院〜博多

52日目　2023.4/1

## 旅は道連れ世は情け

私が『進撃の巨人』を観始めたのは実は最近のことで、この最長片道切符を始める前の、名古屋から北海道まで40時間かかるフェリーに乗っていた時、暇だからとアニメ『進撃の巨人』を観始めたのだ。それでも観終わらないからと、旅の途中でも夜寝る前や移動時などずっと観ていた。鉄道旅をしている癖に朝起きるのが遅かった一番の理由は夜な夜な『進撃の巨人』を観ていたからなのだ。

それにしても日田がこんなに『進撃の巨人』一色になっているなんて知らなかった。知らなかったゆえにこの旅の最終回直前の壮絶な伏線回収のような。点と点がつながっていたかのような気分になってより高まってしまった。

ちなみに旅が辛くなった時「お前が始めた物語だろ」と自分を奮い立たせていたのだが、この言葉は『進撃の巨人』に出てくるエレン・クルーガーのセリフだったりする。

駅周辺だけでなく、もっと聖地巡礼をして『進撃の巨人』の世界に浸っていたかったのだが、今日の行程はまだまだ残っているので先を急ぐことに。

次に向かうのは日田から2駅先の夜明。9時18分発の赤いディーゼルカーに乗車していく。「次はよあけ〜よあけです」というアナウンスが何かの始まりを想起させているようだと思いながら夜明に到着。

次に乗っていくのは日田彦山線なのだが、実は日田彦山線の日田から添田までの区間は2017年7月に起きた平成29年7月九州北部豪雨の影響でずっと不通となっており、代行バス輸送になっている。

バスは少し遅れてやってきた。ここまで来てやっと最長片道切符の旅の再開だ。

代行バスは国道２１１号を通り大分と福岡の県境前後を進んでいく。

途中、不通になっている区間の駅にも立ち寄るのだが、筑前岩屋に停車した際ＢＲＴの工事が進められているのが見えた。現在不通になっている日田彦山線の区間だが、鉄道での復旧ではなくＢＲＴに転換されることが決定している。ＢＲＴは２０２３年の８月28日に開業予定なのでもう間もなく。

車窓から覗ける部分だけだとほとんど完成しているかのように見えた。

11時11分、代行バスの終点添田に到着。ここからは再び列車で田川後藤寺を目指す。乗車時間はあっという間の15分ほどで終点の田川後藤寺に到着。

この駅で次の列車を待っていると学生の最長片道キッパーさんに話しかけられた。どうやら代行バスから同じ行程だったようだ。

彼自身旅をしながら私の動画を見てくれていたらしい。春休みに合わせて最長片道切符を始め、もうすぐ学校が始まるらしくラストスパートなのだそう。

私は彼よりも一足先、冬から始めたのだが、ノロノロ旅をしたからかここで足並みが揃ってしまった。

「もしかしたらすれ違うかもとは思っていたけど、同じタイミングで同じ列車に乗れるなんて！」と大袈裟に感動してくれていた。

というわけでここから先、同じ行程を行く彼と一緒に旅をすることに。旅は道連れ世は情け

52日目　2023.4/1

## 旅は道連れ世は情け

だ。

後藤寺線の普通列車に乗車してから21分、新飯塚に到着。福岡に入ってからは首都圏や大阪同様、短い乗り換えが多くなっていく。

次に乗車していくのは筑豊本線の普通列車。同行者がいるからとエスコートを任せていると(年下にさすな)、2人して気づかず別の電車に乗り込んでいた。

「危ない危ない」慌てて列車を降りて跨線橋を渡り本当の筑豊本線の電車にギリギリ間に合った。

そもそも旅の最終盤まで最長片道切でやってきたツワモノ2人が、揃いも揃って乗り間違えるなんて……。「この子よくここまでやってこれたな」と自分を棚にあげて思ってしまった。

電車で16分、乗り換え駅の直方《のおがた》に到着。続いては若松行きの「DENCHA(デンチャ)」に乗っていく。

DENCHAとは電池で走る電車のことだ。電車の床下には蓄電池が搭載されていて、架線からエネルギーを充電して架線のない非電化区間でも走行できるのだそう。

車内の液晶モニターに「架線からのエネルギーで走行

BEC819系「DENCHA」。国内初の交流電化方式の架線式蓄電池電車だ

中」「エネルギー充電中！」と逐一出ていて車窓よりもそちらに夢中になった。

乗車して21分、折尾に到着。折尾駅構内には北九州名物の駅弁「かしわめし」で有名な東筑軒がある。時刻ももう13時半なのでここで昼食を食べることに。

弁当以外の軽食もあり店内で食べることができたので、かしわうどんとおにぎりを注文。〝かしわ〟とは鶏肉のこと。甘く煮付けられた鶏がフレーク状になってやわやわなうどんの上に乗っている。福岡は美味しいものが多いからか影が薄くなりがちなのだがうどんもやわやわで美味しいのだ。

折尾駅で「東筑軒」の立ち売りの方に会うことができた。陽気に歌ってくれる

食べ終えて店から出た瞬間、「おりお〜〜〜おりお〜〜〜」と高らかな歌声が聞こえてきた。その声の主は駅弁の立ち売りをしていたおじさん。

折尾駅の４・５番ホームでは現在でも弁当の入った木箱を首にかけながら駅弁の立ち売りをするおじさんがいるのだ、この令和の時代でも。

もうほとんど見ることが無くなった古き良き時代の情景である駅弁の立ち売り。「大正10年変わらない味〜」と大きな手振りで陽気に歌ってくれる。その姿は私の目からは逆に新しく感じた。

続いて鹿児島本線に乗車してから52分、吉塚に到着。ここ

52日目　2023.4/1

## 旅は道連れ世は情け

は博多駅の隣駅、県庁の最寄り駅なんだそう。博多の隣駅というだけあって立派な駅だ。

乗り継ぎの関係で40分ほど時間があいたので駅前のシアトルズベストコーヒーで休憩することに。

学生の彼は「見たいものがあるから」と言い残しどこかへ行ってしまった。

わずかな乗り換え時間をフルで観光に使うその姿勢に、若いというのは最強だなと思った。

その後彼とは駅のコンコースで再び出会うことになる。同じ行程を進むので合流は必然なのだ。

15時48分発、福北ゆたか線直方行きの列車に乗っていく。

さすが都心に近い路線、混み合っていて身動きが取れない中、30分ほどで桂川と書いて〝ケイセン〟駅に到着。ここは原《はる》田《だ》線と福北ゆたか線の乗り換え駅だが、駅周辺に特に何があるって言うわけではなさそう。

駅ナカに豆大福が有名なショップがあるとネットに書いていたのだが、なんと昨日閉店したらしく、シャッターに真新しい閉店のお知らせの紙が貼り出されていた。まさかこんなところで新年度を強く実感することになるとは。

学生の彼とベンチに座ってお喋りしたりして20分ほど待つ。

彼はこの長い旅で出会った人達との話をしてくれた。親切にしてくれた老夫婦の話やヒッチハイクをした話。同じ旅路を辿って来たはずなのに、私とは全く別物の時間を過ごしてきたみたい。それは彼の人柄か、若さなのか……。

私はこの旅で少し仕事の顔をしすぎていたのかもしれないなと彼の話を聞きながら思っていた。

そうこうしているうちに列車がやってきた。乗車すること28分で原田に到着。続いて乗っていくのは17時28分発小倉行きの快速列車。列車は28分で博多に到着。

ついに博多に到着だ。今日の旅はこれにて終了。

窓口に2人で並んで駅員さんに最長片道切符を見せると大袈裟に驚いてくれた。

かなりマニアックな趣味の2人旅と思われたことだろう。そしてここで今日1日一緒に旅をした学生の彼とはお別れ。

ラストスパートに複雑な路線を一緒に駆けたこの出会いも彼にとっていい思い出となってくれたらと願うのは老婆心なのだろうか。

博多の夜は待望の「もつ鍋」。博多は美味しいものが多く大好きな街だ

53〜54日目　2023・4／2〜3

## 禊《みそぎ》を済まし、ついに感動のゴール

53日目。ゴールする瞬間は綺麗でいたいと思い美容院へ。やっぱり都会の美容院は洒落ている。

54日目。切符の有効期限がとうとう明日までとなった。それなら明日ゴールしようかとも思ったのだが、先延ばしにしていいことなんてないので今日のうちにゴールの新大村を目指すことに。

まずは九州新幹線「つばめ」に乗って行く。

九州新幹線はトンネルがちでほとんど風景は見えず、気づけば佐賀県に突入していたようだ。

乗車してからわずか12分で隣駅の新鳥栖に到着。ここで在来線に乗り換える。

長崎本線の特急「みどり」に乗車してから26分、江北に到着。

この駅はもともと肥前山口という駅名で、去年、西九州新幹線が開業するまで最長片道切符のゴールとして33年間あり続けた駅である。

鉄道路線の廃線化などで年々短くなっていた最長片道切符の総距離が、西九州新幹線の開業

のおかげで延長され、ゴールも新駅である新大村に移されたのだ。

そんな先人たちのゴール地点を越え先に進むべく次に乗っていく列車は特急「ふたつ星4047」。こちらも西九州新幹線の開業に合わせてデビューした新しい観光列車だ。「ふたつ星」は長崎と佐賀県の武雄温泉を結ぶのだが、今回は長崎本線で途中の諫早まで向かう。

ホームに「ふたつ星」が入線してきた。車体は白い浜を連想させるパールホワイト色。車体の至る所にゴールドに輝くふたつ星のエンブレムが施されている。

「ふたつ星4047」のラウンジ。外装だけでなく内装デザインも凝っている

約2カ月続いた最長片道切符の最終日を飾るにふさわしいラグジュアリーな列車ではないか。毎日運行しているわけではないのでタイミングも良かった。

10時46分「ふたつ星」出発。車内の内装も凝っていて雰囲気はいいのだが、如何せん混み合っていて車窓をみるのにも一苦労だ。

1つ目の停車駅肥前浜に到着。観光列車らしく駅での停車時間が15分ほど設けられていてその間列車から降りて少し観光することができる。

駅にはお土産やさんや地元キャラも来ていて、地域でこの観光列車を歓迎してくれているようだった。

53〜54日目　2023.4/2〜3

## 禊を済まし、ついに感動のゴール

列車は有明海沿いを走っていく。途中の小長井では有明海の名産佐賀海苔を作っている様子が車窓から見えた。

その頃ラウンジでは海苔の試食ができるイベントが行われていて、せっかくなので私も参加費1000円を払って参加してみることに。

海苔5枚と小さいおにぎり、かまぼこ、チーズのセットが参加者全員に配られる。「最初はそのまま海苔本来の味を召し上がってみてください」ということなので海苔を食べてみる。噛んでいると上顎にひたすらくっつく。

そしていろいろなものを包んでも美味しいということだったので海苔とのベストマッチングを探していく。

食べる前から大体分かっていたがご飯と海苔が一番合う。1000円払ってそんなことを再確認したのだった。

気がつくともう目的地の諫早に到着。約1時間30分の乗車。特急と名がつくが、最後に贅沢でゆっくりとしたいい列車旅ができた。

ここから大村線に乗り換えて早岐《はいき》を目指していく。

乗車していくのは12時39分発、区間快速「シーサイドライナー」。YC1系の〝YC〟は「優しくて力持ちの」略なんだそう。

誰が考えたのかは知らないがこのネーミングセンスが私は結構好きだ。

列車は最初の停車駅大村を出発していく。そして次の駅はなんと「新大村」。新大村はこの最長片道切符の旅のゴールの駅なのだが、実は1度通過してしまうのだ。

最長片道切符では1度通った駅を2度通ることはできないというルールがあるのだが、ゴールする時は2度通ることで切符の利用を打ち切らせ旅の終わるとするのだ。というわけで次にもう一度新大村に来る時が真のゴールとなる。

列車は「シーサイドライナー」という名前の通り海の近くを走る。今日は海ばかりを見ているが今度は先ほどの有明海とは違う、静かに波打つ大村湾だ。

そしてその先に見えてくるのがハウステンボス。中世オランダをモチーフにしたテーマパークだが、車窓から覗くと本当に異国の地のように見えてくる。

そして列車はハウステンボスのおとなり、早岐に到着。

続いては佐世保線の普通列車に乗って佐賀県の武雄温泉を目指していく。この旅で普通列車に乗るのも実はこれが最後。

特急や新幹線にもかなりの数乗ってきたが、普通列車に揺られていると存在さえ知らなかった色んなローカル線に乗ってきたなぁという思い出が一気に蘇ってくる。乗車してから35分ほどで佐賀県の武雄温泉に到着。

このまま最後の西九州新幹線に乗り換えてゴールでもいいのだが、新ルートになって最後に温泉と名の着く駅に降り立つのだからゴール前に温泉に浸かり綺麗になるべきだと思った。

さながら伊勢神宮の参拝前に五十鈴《いすず》川で身を清めるかのように、熊野詣《もうで》の途中湯の峰温泉で心身の穢《けが》れを祓《はら》うかのごとく。

53〜54日目　2023.4/2〜3

## 禊を済まし、ついに感動のゴール

ゴールの前に武雄温泉で身を清めることに。この楼門の奥に元湯がある

駅から武雄の温泉街までは微妙に遠く、次の列車の時間もあったのでタクシーで向かうことに。武雄温泉のシンボル「楼門」をくぐった先に大衆浴場「元湯」があるのだ。入浴料は500円。

透明で柔らかな湯ざわりが特徴の武雄温泉。湯舟は熱湯とぬる湯の2つに別れていたが、どちらも熱かった（お風呂から上がってコーヒー牛乳を飲む。これが至福の瞬間）。やっぱり旅の最後には温泉に浸るべきだ。

私はこれを発信し、今後最長片道切符をする人たちへのニュースタンダードとして示していきたい。

身を清めたところでいよいよ最後の一区間、現在日本一短い新幹線として知られる西九州新幹線乗車を残すのみとなった。

15時57分発西九州新幹線「かもめ」に乗車。西九州新幹線は武雄温泉駅から長崎駅までを最短23分で結んでいる。そして今回のゴール新大村まではわずか14分。

新幹線は険しい山道を進んでいく。茶畑を横目に見ながら最初の停車駅である嬉野温泉に到着。

嬉野市は古くから博多と長崎を結ぶ交通の要所として栄え

ていたのだが、戦前に私鉄の肥前電気鉄道が廃止されたのを最後に鉄道のルートから外れてしまったのだという。

91年もの間「鉄道のない街」であった嬉野に新幹線がやってくるという興奮。

それは去年、西九州新幹線が開業してから間もなく嬉野を訪れた時に話した地元住民の嬉しそうな顔から十分伝わるものだった。

そして全長5705mの俵坂トンネルを抜けるとそこはもう長崎県。14分なんて本当にあっという間。

長すぎた最長片道切符のゴール。新大村の駅名標が視界に入った瞬間に色んな思いが溢れ出してきた。旅が苦しいものであればあるほどそれから解放される喜びが増してくる。

けれどついに終わってしまうという寂しさも確かにあった。嬉しさと少しの寂しさをかみしめながら新幹線から降りる。

「ゴールしてしまった」。

旅の途中、ゴールに着いたら一体どんな気分になるのだろうと考えたことが幾度とあったが、実際は穏やかなものだった。新大村駅は去年西九州新幹線の開業に合わせて造られた新しい駅だ。真新しい改札口に立つ駅員さんに切符を提示してこの旅を終わらせよう。

いつものように駅員さんに最長片道切符を手渡すと慣れた手つきで受け取ってくれた。

そして切符を確認した後笑って「お疲れ様でした」と言ってくれたのだ。それだけでこの長

53〜54日目　2023.4/2〜3

## 禊を済まし、ついに感動のゴール

かった旅が報われる気がしてくる。

　これにて旅は本当に終了した。

　あとは事務的な作業が残っている。新大村駅の観光案内所で切符と用紙に名前と今日の日付を記入し切符とともに提出すると最長片道切符の旅達成認定証がもらえるのだ。

　年に何人いるのだろうかというマニアックな人に向けての嬉しいサービス。ゴールの感動を形にして残してもらえるのはとてもありがたい。

　そして達成者のボードにも名前を刻んでもらう。

　見ると去年の9月に最長片道切符のゴールが新大村に移り変わってから私は通算31番目の達成者らしい。思ったよりも物好きは多いようだ。果てしないような旅だったが不思議とゴールしてしまうとあっという間だったと思えてしまうもので、無駄な遠回りに何度も辟易してきたが、改めて辿ってきた路線図を指でなぞってみるとその土地土地の風景が思い出されていく。世の中に無駄なことなどひとつもないとそんな風にも思えてしまうほど。

新大村駅の観光案内所で「最長片道きっぷの旅 達成認定書」をいただいた

# あとがき

「最長片道切符の旅」を試みてから早1年が経とうとしている。

日数にしてみれば2カ月弱、54日間の旅だったのだが、自宅に戻ってからもYouTubeの編集や文章に書き起こしてみたりなど、あの旅の日々を思い出しながら過ごしてきた。

あの旅は私にとって何だったのか。それをずっと考えていた。

本を書くに当たって宮脇俊三氏の『最長片道切符の旅』を改めて読んだ。

実は旅を始める前に買っていたのだが、なにしろ50年も前に書かれた本だ、時代背景やルートの異なる紀行文に共感できず、ずっと本棚にしまいこんだままになっていた。

だってあの本に登場する夜行列車は今はもう無いし、駅のホームに物売りも立っていない。四国への連絡船もとっくになくなってしまっている。

彼の旅はきっとあの時代の中でしかできない旅だったのだ。なら、私は令和のこの時代、一体どんな旅をしてきたのだろうか。

昔と比べると旅に出ることはあまりに簡単になっている。ネットで調べれば情報なんていくらでも出てくるからだ。

目的地を入力すれば最短経路、距離、かかる料金が表示され、それに従えば行きたかった場所にその日のうちにたどり着けてしまう。そして他の人の投稿でよく見る景色を写真におさめ、その足で「食べログ」で星3・5のグルメを食べにいくのだ。効率的で計画的な旅行というとこんなところだろう。

私自身、最初はそれでもよかったのだが、仕事として旅を続けるうちにそれがだんだんと確認作業のように感じられてきて、心が動かない。いわゆる不感症のようになってしまっていたように思う。

それでもＹｏｕＴｕｂｅｒという仕事を続けるために騙し騙しやっていたのかもしれない。

そんな中で始まった最長片道切符の旅、１万㎞を超える果てしない旅の全貌を事前に調べることなんて到底できず、その土地に関する知識がまっさらなまま列車を降りた事もあった。

それでもそこには鉄道があって、人の生活もある。

地方都市の暗く寂しい現状を目の当たりにしたり、観光地でもなんでもない場所で見た夕日に心揺さぶられたり、なんとなく入ったラーメン屋が美味しかったり。

目的地検索では出てこない、こんな遠回りばかりの途方もないような旅に出たからこそ感じられたことが確かにあったはずだ。

私の旅もきっとこの時代にしかできない旅だったように思う。

これから先、時代が変わるように最長片道切符のルートも変わっていくのだ。

もし、この本を読んで同じような果てしない旅に出るとするならば、是非旅の話を聞かせて欲しい。きっと楽しい話なんだと思うから。

**アンドロイドのお姉さん SAORI**

2017年、東京ゲームショウで演じたアンドロイド役が「人間なのかアンドロイドなのかわからない」とSNSを通じて話題になり、唯一無二のアンドロイドモデルとして活動を開始する。AIやバーチャルの進歩と共に年々活動の幅を広げている一方、自身のYouTubeチャンネル「散歩するアンドロイド」では、アンドロイドとして全国各地を旅する様子を配信しており、一見無機質な映像の中にコミカルなギャップを楽しむことができる。著書に『散歩するアンドロイド』(KADOKAWA)。

ブックデザイン　株式会社スパロウ
（竹内真太郎・新井良子・納屋 楓・秦はるな）
イラスト　さとうとしや
地図製作　株式会社 千秋社
編集　近江秀佳
校正　武田元秀

**最長片道切符鉄道旅**　一筆書きでニッポン縦断

2024年 6 月20日　初版第 1 刷発行
2024年10月30日　初版第 4 刷発行

著　者　アンドロイドのお姉さん SAORI
発行人　山手章弘
発行所　イカロス出版株式会社
〒101-0051 東京都千代田区神田神保町1-105
contact@ikaros.jp（内容に関するお問合せ）
sales@ikaros.co.jp（乱丁·落丁、書店·取次様からのお問合せ）
印刷・製本　日経印刷株式会社


Printed in Japan　ISBN 978-4-8022-1427-8